Mohammad Omar Athai

Der Islam ist die heilende Medizin

Mohammad Omar Athai

Der Islam ist die heilende Medizin

Rediroma-Verlag

Bibliografische Information der Deutschen Nationalbibliothek:
Die Deutsche Nationalbibliothek verzeichnet diese Publikation in der Deutschen Nationalbibliografie; detaillierte bibliografische Daten sind im Internet über http://dnb.ddb.de abrufbar.

ISBN 978-3-86870-877-6

Umschlagillustration: DWerner / photocase.de

www.rediroma-verlag.de
10,95 Euro

Inhaltsverzeichnis

Danksagung

In erster Linie danke ich meiner Frau, die wie ein Spiegel für mich ist und meine vielen Schwächen ständig aufzeigt. Außerdem musste sie viele tägliche Aufgaben alleine ohne mich erledigen, damit ich dieses Buch schreiben konnte.

Besonderen Dank sage ich meinen beiden Söhnen:

Dr.med. Timur Athai. Er hat sich Zeit genommen, um das Buch grammatisch zu korrigieren.

Und Jones Athai, er hat mich motiviert, dieses Buch zu schreiben. Er ist als Kind während meiner »sonntaglichen Vorträge« fast eingeschlafen. Ich wusste schon damals, dass hinter jedem Schatten ein Licht vorhanden ist.

»Rufe zum Weg deines Herrn mit Weisheit und schöner Ermahnung, und streite mit ihnen in bester Weise. Gewiss, dein Herr kennt sehr wohl, wer von Seinem Weg abirrt, und Er kennt sehr wohl die Rechtgeleiteten.«

(Sure:16/Vers.: 125)

ادْعُ إِلَىٰ سَبِيلِ رَبِّكَ بِالْحِكْمَةِ وَالْمَوْعِظَةِ الْحَسَنَةِ ۖ وَجَادِلْهُم بِالَّتِي هِيَ أَحْسَنُ ۚ
إِنَّ رَبَّكَ هُوَ أَعْلَمُ بِمَن ضَلَّ عَن سَبِيلِهِ ۖ وَهُوَ أَعْلَمُ بِالْمُهْتَدِينَ

Einleitung

In diesem Buch möchte ich zeigen, dass viele der Tatsachen der heutigen medizinischen und naturwissenschaftlichen Forschungen mit den Grundlagen der islamischen Religion übereinstimmen.

Weil es im Koran steht, dass der Koran eine Rechtleitung und Heil für die ganze Menschheit ist, hat mich dieser Gedanke immer und ständig begleitet und beschäftigt. Bei allem, was ich medizinisch und naturwissenschaftlich las, überlegte ich immer deren Übereinstimmung mit dem Islam.

Was aber mit dem Islam nicht im Einklang stand, wurde von mir nicht abgelehnt, sondern blieb ständig in meinem Gedächtnis, und ich suchte nach einer Erklärung. Das beste Beispiel ist *der Verzicht auf das Trinken von Flüssigkeit im Monat Ramadan.* Fast alle Mediziner sind der Meinung, dass das Trinken für den Körper sehr wichtig und gesund sei. Dies ist auch für mich logisch und nachvollziehbar. Aber wie kann es richtig sein, dass man den ganzen Monat vom Beginn der Morgendämmerung bis zum Sonnenuntergang nicht essen, aber auch nicht trinken darf, vor allem in den langen Sommertagen? Diese Paradoxie machte mich sehr nachdenklich und ich verzweifelte langsam. Aber ich kämpfte mit mir und dachte, dass das Fasten eine Pflicht für die Muslime ist, da es zu den fünf Säulen des Islam gehört. Ich musste also die Erklärung suchen. So geschah es eines Tages, vor etwa 18 Jahren, als ich im Urlaub ein naturwissenschaftlich fundiertes Buch (»Das System der Grundregulation« von A. Pischinger) in die Hand bekam. Und ab da fand das Problem bei mir sofort seine Lösung. Wie in diesem Buch dargestellt, ist das Wasser nicht nur der wichtigste physiologische Nährstoff der Grundsubstanz im Extrazellulärraum, sondern im Falle einer »Verschlackung« des Körpers bildet das Wasser auch hier den wesentlichen Teil der Ablagerungen dieser »Mülldeponie« des Organismus und hält die langkettigen Moleküle, die aus Eiweiß, Kohlenhydraten und Fetten sowie vielen gefährlichen Toxinen bestehen, zusammen. Darum ist nur ein Fasten ohne Flüssigkeitszufuhr, durch den Entzug dieses gespeicherten Wassers, in der Lage, diese schädlichen Ketten effektiv und vollständig auseinanderzubrechen. Ich werde in diesem Buch in einem anderen Kapitel ausführlich darauf eingehen.

Auch das strenge Verbot von Alkohol war einer meiner ständigen Beschäftigungen. Die Tatsache, dass der Alkohol zum einen als Genussmittel absolut verboten, aber in den Medikamenten unbedenklich und erlaubt ist, habe ich als Muslim bis Anfang 2010 zwar akzeptiert, aber nicht richtig verstanden. Als ich im Februar 2010 einen Vortrag über den Alkohol für Muslime vorbereiten musste, wurde mir durch neue Erkenntnisse der wissenschaftlichen Forschungen klar, dass auch hier keine Widersinnigkeit besteht. In dem entsprechen Kapitel werde ich die Zusammenhänge ausführlich erklären.

Ein weiterer Grund für mich, dieses Buch zu schreiben, war die Zunahme der vielen gefährlichen und vor allem chronischen Krankheiten in den letzten 30 bis 40 Jahren, die die Ärzte leider meist nur mit symptomatischen Therapien, mit »Flickarbeit«, behandeln.

Das Ziel dieses Buches ist es auch, zu einer anderen Denk- und Sichtweise in der Medizin beizutragen, damit viele Krankheiten nach Möglichkeit erst gar nicht entstehen.

Zuletzt ist es für uns Muslime von großer Wichtigkeit und Bedeutung, dass der Islam als eine Bereicherung in Europa und vor allem in Deutschland angesehen wird. Im Koran steht (sinngemäß): Allah hat euch deswegen verschieden erschaffen, damit ihr voneinander lernt und euch ergänzt.

1. Kapitel

Erklärung der physiologischen Grundlagen eines gesunden Körpers

Es ist sehr wichtig, dieses Kapitel genau und vor allem aufmerksam zu lesen, damit Sie die nachfolgenden Erläuterungen besser verstehen können.

A. Das Regulationssystem

Durch die Regulation der Körperfunktionen wird, nach einem Schadenseintritt (z.B. eine Verletzung bei einem Unfall, oder nach Eintritt von Bakterien ,Viren ,Toxinen und sonstigem) in einem gesunden Körper ein Anpassungsvorgang so in Gang gesetzt, dass nach einem adäquaten Zeitablauf der vorherige gesunde Zustand wiederhergestellt werden kann. Das bedeutet, dass die physiologischen (normalen) Körperfunktionen nach der Schadensbeseitigung wieder ins Gleichgewicht gekommen sind und der Sollwert hergestellt ist. In der medizinischen Fachsprache spricht man von der Wiederherstellung der Homöostase. In diesem Zustand ist unser Organismus gesund, stabil und abwehrbereit.

Wir müssen ständig bemüht sein, diesen Idealzustand unseres Organismus dauerhaft beizubehalten.

Voraussetzungen für diese störungsfreie Homöostase-Herstellung sind gesunde, harmonische und adäquate Funktionen sämtlicher Organe unseres Körpers. Um dies genau zu verstehen, werde ich Ihnen das System der Grundregulation nach A. Pischinger erklären:

Die einwandfreien Funktionen der Extrazellulär-Räume (Räume zwischen den Zellen und Zellverbände) sind die wichtigsten Grundlagen der Zelltätigkeit.

Im Extrazellulär-Raum, der aus Bindegewebe und Bindegewebszellen sowie extrazellulärer Flüssigkeit besteht, münden auch die Blutgefäße und die vegetativen Nerven. Das Leben und die Funktionen jeder, aber wirklich jeder Körperzelle sind fast immer vom Extrazellulär-Raum abhängig. Alle Informationen und Substanzen, die unser Organismus für sein einwandfreies Funktionieren braucht, werden zu den zuständigen Zellen über die vegetativen Nerven und Blutgefäße, die in den Extrazellulär-Räumen vorhanden sind, eingeleitet. Für die sehr feinfühlige und aller anderen Körperfunktionen angepasste Bearbeitung der gelieferten Informationen und Substanzen bekommt die extrazelluläre Flüssigkeit im Extrazellulär-Raum, deren wesentlicher Teil aus Wasser besteht, eine sehr große Bedeutung.

Durch übermäßige Ablagerungen der langkettigen Moleküle, die aus Speichereiweiß, Kohlenhydraten und Fetten bestehen, wird die Grundsubstanz im Extrazellulärraum überlastet und auf Dauer »verschlackt«. Schadstoffe, wie Umweltgifte, Toxine der Bakterien und Viren, sind zusätzliche feste und untrennbare Bestandteile dieser Verschlackung. In diesem Zustand bekommen die Zellen keine richtigen und zuverlässigen Informationen und notwendigen Substanzen. Hierdurch können die Fehlinformation und Stoffmangel eine Kette von Stoffwechselentgleisungen im ganzen Organismus auslösen und dadurch die Grundlage vieler gesundheitlicher Störungen und Krankheiten werden. Das ist vor allem einer der wichtigsten tief greifenden

Ursachen (Plattform) der Entstehung der chronischen Krankheiten.

B. Funktionen des Zentralnervensystems (ZNS)

B.1 Die Vernetzung des vegetativen Nervensystems (NS)

Unser Nervensystem besteht aus den willkürlichen und autonomen Systemen. Das willkürliche System ist unserem Willen und unserem bewussten Handeln unterworfen.Wie z.B., wenn wir unseren Arm heben oder irgendwohin gehen wollen usw.

Das autonome System, auch vegetatives Nervensystem genannt, arbeitet, wie der Name sagt, unwillkürlich und unabhängig. Wir haben also meist keinen direkten Einfluss auf dieses System.

Was uns hier bei dieser Arbeit interessiert, ist der Aufbau und die Funktion dieser vegetativen Nerven, die aus sympathischen und parasympathischen Fasern bestehen und die Funktionen aller Organe und Gewebe unseres Körpers regulieren, wie z.B. die Produktion der Drüsensäfte (das Verdauungssystem und die sonstigen Drüsen), Bildung, Abgabe und die Regulierung aller Hormone, die für uns lebenswichtig sind, Regulation des Wärme- und Wasserhaushaltes sowie Bewegung des Magen-Darm-Traktes und viele andere Funktionen, die ich hier nicht alle benennen möchte.

Dieses System hat zwei wichtige Verbindungsstellen, die eine ist die Vernetzung mit den ganzen Gehirnstrukturen und die andere mit dem autonomen Nervensystem des Magen-Darms (in der Medizin wird es das enterische Nervensystem genannt). Der Plexus solaris (ein Nervengeflecht des vegetativen Nervensystems (Sympathikus und Parasympathikus), der in unserem Bauch hinter dem Magen liegt, ist somit die Vernetzungsstelle unserer Bauchorgane mit unserem Gehirn. Damit erhält der Plexus solaris sowohl die Informationen aller Gehirnteile als auch der gesamten Bauchorgane. Das enterische System besteht aus über 100 Millionen Nervenzellen (das sogenannte Bauchgehirn), die unter anderem für die vielfältige informative Arbeit der Bauchorgane, der Verdauung der Nahrung und vor allem für das Immunsystem im Bauchraum zuständig sind. Sie bewältigen damit gewaltige, schwere Aufgaben.

Bei der Verbindung mit dem Gehirn interessiert uns insbesondere das limbische System.

Durch die Verbindung des limbischen Systems mit dem »Bauchgehirn« über das vegetative Nervensystem (Sympathikus und Parasympathikus) hat unser Gehirn somit alle Informationen über unser Verdauungssystem und steht mit ihm in Wechselwirkung. Das Gehirn, das nicht nur die Urinformationen aus unseren früheren Generationen sowie Information über unser eigenes Leben besitzt, wird zusätzlich und ständig über unsere Ernährung und den jetzigen Zustand des Bauches informiert. Das altbekannte Sprichwort »man ist, was man isst« bekommt hier seine volle Geltung. Das limbische System, das ein Teil des vegetativen Nervensystems ist, gehört zu den Strukturen unseres Unterbewusstseins. Unser Unterbewusstsein ist die Quelle aller Informationen. Es hat Auskunft darüber, was aus uns im göttlichen Sinne werden soll (arabisch und afghanisch Fitrat genannt). Das bedeutet, dass das Konzept eines idealen Menschen, der mit sich, seinen Mitmenschen, der Umwelt und schließlich mit dem ganzen Universum im Einklang und Resonanz steht, in unserem Unterbewusstsein festgelegt ist. Tatsächlich zeigen die neuen biophysikalischen Forschungen, dass der menschliche Organismus normalerweise ein Frequenzspektrum von weniger als einem Hertz bis über 10 hoch 18 Hertz (del Blanco 1977) aufweist.

Das limbische System bildet auch die Quelle unserer Triebe und Emotionen, wie Wut, Zorn, Aggression, Trauer und Freude sowie der Empfindungen von Schmerz Leid, Glück, Liebe, Hass und vielen anderen Gefühle. Somit wird unser bewusstes Denken ständig und immer vom limbischen System und damit von unserem ganzen Unterbewusstsein mitbeeinflusst. Mir kommt es bei dieser Darstellung sehr darauf an, klar zu machen, wie stark unsere Ernährung, unsere Denkweise, unser Glaube und unsere Vergangenheit unsere Mentalität, Gefühle, Emotionen und schließlich unser Wesen prägen.

B.2 Das Bewusstsein:

Unser bewusstes Denken und Handeln sowie bewusste Entscheidungen entstehen an dem Vorderteil der Großhirnrinde. Die bewusste Denkweise ist von vielen Faktoren abhängig. In diesem Buch möchte ich ausschließlich auf die intensive Wechselwirkung zwischen Bewusstsein und Unterbewusstsein eingehen.

Jeder Gedanke, jede Entscheidung und vor allem jede Absicht und jedes Vorhaben des Bewusstseins werden vom Unterbewusstsein mit bearbeitet. Das Endergebnis wird über das vegetative Nervensystem an alle Organe und Organteile weitergeleitet und beeinflusst damit den Stoffwechsel, der wiederum unser ganzes Leben gestaltet und unser Wesen mitbestimmt. Dr. Joseph Murphy bezeichnet das Bewusstsein als »Chef«, dessen Befehl vom Unterbewusstsein durchgeführt wird.

Wenn wir z.B. beabsichtigen, eine Tat jetzt oder in der Zukunft durchzuführen, wird unser Stoffwechsel schon darauf vorbereitet.

B.3 Das Unterbewusstsein:

Unser größtes Problem besteht darin, dass das Unterbewusstsein durch sein Belohnungssystem uns nicht nur Zufriedenheit und wahres Glück vermittelt, sondern auch Scheinglück.

Der Nucleus accumbens, der zum limbischen System gehört, übernimmt diese Rolle. Alles, was durch unsere Sinnesorgane vor allem durch das Sehen, Hören, Fühlen, Schmecken und Riechen, vermittelt wird, durchläuft auch den Nucleus Accumbens.

Es ist heute wissenschaftlich eindeutig nachgewiesen, dass dieser Nucleus bei der Suchterzeugung eine sehr große Rolle spielt.

Aus den oben beschriebenen Erläuterungen wird es ersichtlich, dass unser Empfinden, Denken und Handeln von verschiedenen Faktoren abhängig ist.

Daher versteht und interpretiert jeder, der den Koran liest, ihn in seiner Weise. Damit gibt es den einen Koran und den einen Islam, aber verschieden denkende Muslime. Z.B. könnte eine Gruppe von Ärzten verschiedene Heilungsfähigkeiten besitzen und unterschiedlich bei den Patienten beliebt sein, obwohl sie die gleichen Vorlesungen bei denselben Professoren besucht haben. So es ist auch mit dem einen Islam. Je mehr man seinen Denkhorizont durch Wissen, Lernen vor allem Nachdenken erweitert und den Koran ständig liest, desto mehr Gewinn erzielt man daraus.

Zusammenfassend ist es sehr wichtig zu wissen, dass durch die derartig ausgeprägte Vernetzung unseres Nervensystems mit allen Teilen unseres Organismus jede Zelle informiert wird, was in unserem Bauch und in unserem Gehirn abläuft. Somit profitieren wir von guten Abläufen, während die schlechten uns Schäden zufügen.

2. Kapitel

Beschreibung der sanften Diagnostik und Therapiemethoden, die ich selber in meiner Arztpraxis durchführe:

A. Testung der Nahrungsmittel

Mit der Methode der RAC (Reflexe Auriculocardiaque), auch Nogier-Reflex genannt, teste ich die Nahrungsmittel auf Allergie und Unverträglichkeit. Da die Ernährung die Basis unserer Gesundheit bildet, lege ich auf diese Untersuchung einen großen Wert.

B. Untersuchung auf USK (unerlöster seelischer Konflikt)

Die USKs stellen in uns sehr schwere Therapiehindernisse dar. Um Krankheiten gründlich und nachhaltig zu heilen, ist es sehr wichtig, dass wir unsere Vergangenheit von Störungen, die verdrängt und im Unterbewusstsein gespeichert sind, befreien. Nach meiner Erfahrung sind leider viele Menschen von vielen USKs betroffen.

Die USKs kann man mit den psycho-kinesiologischen Methoden nach D. Klinghardt feststellen und behandeln. Ich benutze dafür die weiter entwickelte RAC-Diagnostik.

C. Weitere Therapiehindernisse

Die Hindernisse, die die Krankheiten nicht vollkommen ausheilen lassen, sind z.B. die Schädigung der Darmflora, Darm-Pilzbesiedlung, Chronische Nasen-Nebenhöhlen-Entzündung, Zahnfocus, Narben, Toxine, Umweltgifte usw., die ebenso vorher festgestellt und behandelt werden müssen.

D. Akupunktur

Mit Körperakupunktur über die Meridianen kann man Einfluss auf die zugehörigen Organe und Körperteile nehmen und damit Krankheiten ausschalten oder zumindest die Beschwerden lindern.

Besonders interessant ist die Ohrakupunktur. Im Ohr ist der ganze Mensch präsent. Man kann bei der Ohrakupunktur durch eine Reflexübertragung überall im kranken Körper energetisch ausgleichend wirken und den Körper wieder in Harmonie bringen.

Für meine späteren Erläuterungen ist es von großer Bedeutung, dass das Ohr dem Bild eines Embryos im Mutterleib ähnelt.

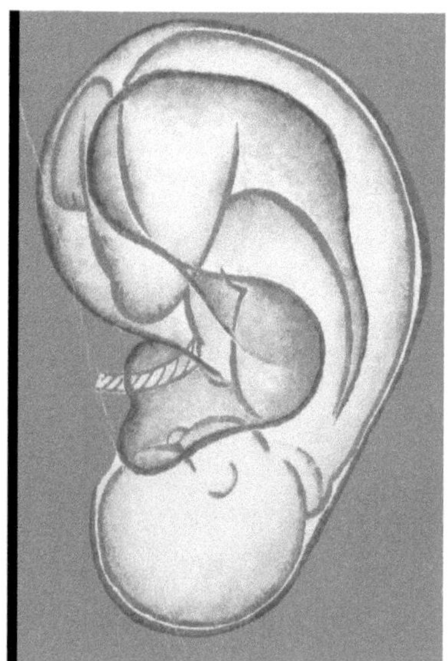

Abbildung 1:Titelbild des Buches:P.M.F. NOGIER

E. Homöopathische-und Bachblüten-Therapie

Auch mit diesen Therapien kann man den kranken Organismus sowohl organisch als auch seelisch wieder ins Gleichgewicht bringen.

Es ist sehr wichtig, bei all solchen Therapie-Methoden (Akupunktur-, Homöopathie-, Bachblüten- und sonstige naturheilkundige Therapien) drauf zu achten, dass zuerst die tieferen Ursachen des Leidens festgestellt und zielgerichtet mitbehandelt werden. Ansonsten können die Krankheiten nur oberflächlich behandelt oder fälschlich weggewischt und woanders hinverlagert werden, die irgendwann zu neuen, noch schlimmeren gesundheitlichen Störungen führen können.

Es kann ratsam sein, je nach Schwere der Krankheit, zuerst mit einer milden schonenden Behandlung wie z.B. Vitamin- und Ernährungs-Therapie zu beginnen, um den Körper aufbauen und zu stärken, um danach mit den obengenannten Reiztherapien zu beginnen. Der Erfolg ist dann danach viel größer. Ein erschöpfter und schwacher Körper kann durch den Reiz, z.B. der Akupunktur, sonst energetisch zum Versagen neigen, und die angewandte Methode kann dadurch in Verruf gebracht werden.

3. Kapitel

Ursache der Krankheiten:

Es gibt viele Ursachen für die Entstehung von Krankheiten wie z.B. Bakterien, Viren, Erbanlage, immunpathologische, autoimmunologische und viele andere Einwirkungen, die unser Regulationssystem aus dem Gleichgewicht bringen. Auf Grundlage solcher Entgleisungen können dann Krankheiten entstehen oder sich entwickeln.

Ich möchte auf einzelne Ursachen hier nicht eingehen, sondern bewusst die fundamentalen Grundursachen erläutern, die sehr wichtig sind, aber leider in unsrer heutigen Medizin nicht genügend berücksichtigt werden.

A. Ablagerungen von »Stoffwechselmüll«, »Verschlackung« des Organismus

Nach A. Pischinger werden in unserem Körper nicht nur, wie bisher angenommen, allein Fette, sondern auch Kohlenhydrate und vor allem Eiweiß in Kombination mit Toxinen, Harnsäure, Cholesterin, Umweltgifte und viele anderen Schadstoffe abgelagert. Sehr wichtig ist es zu wissen, dass das Wasser hier als wichtigster Nähr- und Bindestoff gilt. Das bedeutet, dass ohne Bindung mit Wasser diese gefährlichen Ablagerungen gar nicht existenzfähig wären.

Diese Ablagerungen finden in der Grundsubstanz der Extrazellulär-Räume der Gewebe und vor allem in den Basalmembranen der Zellen unseres ganzen Organismus statt. Danach ist dann eine einwandfreie Stoffwechselregulation nicht mehr möglich. Als Folge können in allen Organen entgleiste verzerrte pathologische Stoffwechselzustände entstehen, die ihrerseits wiederum zu erneuten Ablagerungen führen. Diese »Verschlackungsphänomene« wandeln den Körper auf Dauer zu einer Stoffwechselmülldeponie um. Die wichtigen Stoffe und Informationen können dann derart verstopfte Transitwege und veränderte Zellen nicht mehr zeitgemäß und adäquat erreichen, um da weiter ganzheitlich verarbeitet zu werden.

In diesem Zustand ist unser Körper anfällig für alle möglichen Krankheiten. Die Heilung einer Krankheit wird somit je nach dem Grad der Verschlackung entweder verzögert oder sie geht in ein chronisches Leiden über.

Aufgrund einer solchen entstellten Stoffwechsellage und eines Sauerstoffmangels entstehen zusätzlich Entzündungen in den Zellen, die die Lage noch weiter verschlimmern und letztlich zu Zelldegenerationen im Gewebe führen. Der akute Arthrose-Schmerz eines Gelenkes mit Überwärmung und Bewegungseinschränkung, der sich leider sehr verbreitet hat, ist ein wichtiges Beispiel dafür.

Die Verschlackung und Zelldegenerationen können sich leider in allen Organen wie dem Gehirn, dem Herz, dem Magen, der Leber-Gallen, den Nieren, der Bauchspeicheldrüse und dem Darm und sonstigen Organen verbreiten und damit deren Funktionen pathologisch beeinflussen. Da die Rezeptoren der Zellen des Hypothalamus im Gehirn durch die Blockaden bei Verschlackung keine passende Informationen über den Blut-Leptinwert und unsere Hunger- und Durstgefühle erhalten, wird der Weg auch zu Übergewichtigkeit und Adipositas naturgemäß gebahnt.

Somit, dass keine Appetitzügler mehr im Hypothalamus gebildet werden können, bleibt der erhöhte Hunger bestehen und verursacht wiederum eine weitere Gewichtzunahme.

Das gleiche Prinzip gilt für die Leberfunktion und Cholesterinsynthese. Blockierte Leberzellrezeptoren können den hohen Cholesterinwert im Serum nicht ablesen und die Leberzellen bilden ungehindert weiter Cholesterin. Die Leber verhält sich so, als ob eine genetisch bedingte Hypercholesterinämie bestünde. Bei genetisch bedingter Hypercholesterinämie besteht ein Mangel an Leberzellrezeptoren, während bei der Verschlackung der Leber die Rezeptoren durch Blockaden der »Schlacken« vermindert sind.

Die gefährlichen Folgen der hohen Cholesterinwerte auf Grundlage der Verschlackung sind Herz-Kreislauferkrankungen wie Herzinfakt, Herzrhythmusstörung, Bluthochdruck, Herzinsuffizienz sowie Hirnleistungsschwäche bis Demenz und Schlaganfällen.

Da die Leber fast alle wichtigen und notwendigen Stoffe für unseren Körper bildet und giftige Stoffe neutralisiert, hat die Verschlackung der Leber verehrende Folgen für unsere Gesundheit.

Die Ablagerungen in den Basalmembranen der Zellen können hier Autoimmun-Krankheiten entstehen lassen oder deren Entwicklung begünstigen. Rheuma, multiple Sklerose (MS), Diabetes mellitus, Schilddrüsenerkrankungen sind Beispiele vieler anderen Krankheiten, die zu diesem Gebiet gehören.

Zusammengefasst: Überall in unserem Körper bilden damit solche Ablagerungen die Basis und Plattform aller Krankheiten.

B. Nahrungsmittelallergie und Unverträglichkeit

Obwohl Nahrungsmittelallergien und Unverträglichkeiten für die Entstehung von Krankheiten eine große zentrale Rolle spielen, benenne ich sie an zweiter Stelle, weil ein verschlackter Darm dafür ursächlich eine sehr große Rolle spielt.

Es ist trotzdem sehr wichtig vor jeder Therapie einer Krankheit festzustellen, ob auch ein Nahrungsmittelproblem als Ursache oder als Mitursache in Frage kommt.

C. USK (ungelöster seelischer Konflikt)

Die USKs erschweren unser Leben sehr. Vergangene Traumata oder unangenehme belastenden Erinnerungen, die im Unterbewusstsein gespeichert sind, können sogar Jahrzehnte zurückliegen und unsere Gesundheit meist sehr nachhaltig beeinträchtigen. Sie verursachen nicht nur seelische Störungen, sondern lassen unsere somatischen Leiden als Therapiehindernis nicht vollkommen abheilen.

Es ist daher wichtig, bei der Heilung einer chronischen Erkrankung diese Probleme vorher zu berücksichtigen.

Die Feststellung und Therapie der USKs gehören bei mir zu einem festen Programm. Es ist eine sehr dankbare Sache, wenn man Menschen von solchen Störungen befreien kann. Die Fähigkeit, mit einem einfachen Test, dies in der Seele der Menschen (im Unterbewusstsein) festzustellen und zu behandeln, verdanke ich dem Islam.

D. Alkohol

Der Alkohol ist deshalb sehr gefährlich und schädlich, weil er auf verschiedene Wege den ganzen Körper angreift und uns damit zu Grunde richtet.

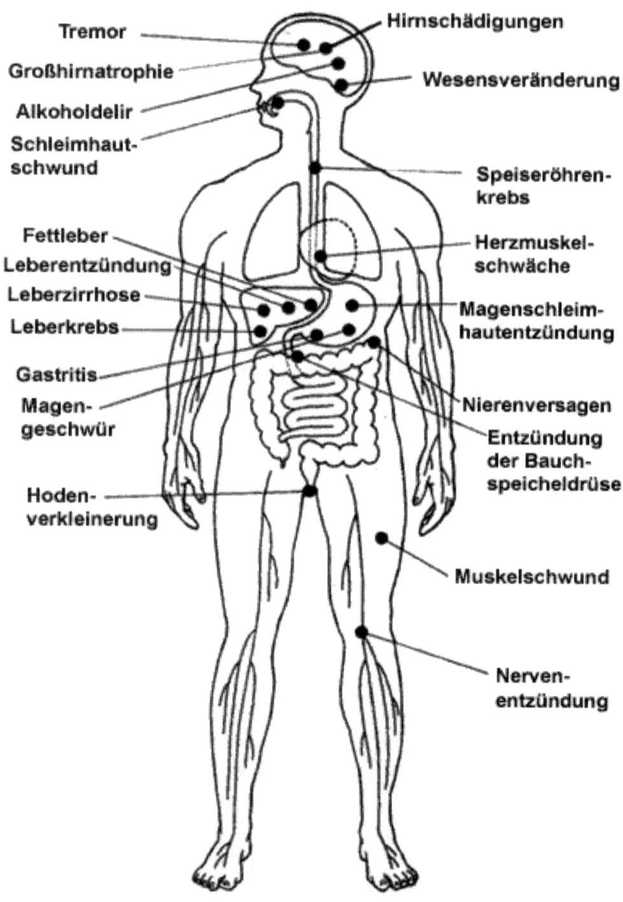

Abbildung 2: Schaubild-Alkoholschäden
(aus d. Internet: Aconnect e. v. Hotline:8/2011)

Durch seinen allgemein bekannten toxischen Weg greift er alle Organe an und richtet schwere Schäden an (siehe das Bild oben). Sein weiter versteckter und wichtigster Angriff über das Belohnungssystem des Gehirns ist heimtückisch und viel gefährlicher, weil hierdurch eine Schein-Zufriedenheit und Freude vermittelt wird, um den Weg zur Sucht zu bahnen. Damit er den Menschen und sogar seine nächsten Generationen im wahrsten Sinne des Wortes hinrichtet, greifen seine Metaboliten als letzte Möglichkeit die Erbanlage des Menschen an und machen ihm seinen Tod ganz sicher.

Der toxische Weg ist meist der sichtbare Pfad. Die Symptome wie Unruhe, Schlafstörungen, Kopfschmerzen, chronische Gastritis, Laborveränderungen, Lustlosigkeit, chronische Müdigkeit, Unzufriedenheit, Wutausbrüche, Schwäche der Bauchspeicheldrüse bis zur chronischen Pankreatitis, Kraftminderung bis Kraftlosigkeit der Muskulatur mit chronischen Rückenschmerzen und allgemeinen Gelenkbeschwerden mit Gelenkveränderungen und viele andere Symptome müsste man sehr frühzeitig ernst nehmen und mit dem Trinken sofort aufhören.

Ich sage zu meinen Patienten immer, »seien Sie sehr glücklich, dass sie durch solche Symptome rechtszeitig darauf aufmerksam geworden sind. Lassen Sie den Alkohol ganz weg und beobachten Sie danach die Besserung ihres gesundheitlichen Zustandes«.

Meine erste eindrückliche Erfahrung mit Alkohol war Anfang 2010. Eine Patientin, deutsche Christin, rief mich an und sagte mir am Telefon, dass sie in letzter Zeit mit dem rechten Auge schlecht sehe und ob ich ihr naturheilkundig oder sonst helfen könnte, schließlich habe ich ihr immer helfen können.

Ich sagte ihr, dass das Problem in erster Linie augenärztlich ist und auch so behandelt werden sollte.

Sie erzählte mir, dass sie deswegen bei vielen Augenärzten sowie der Uni.-Augenklinik gewesen sei und keiner ihr helfen konnte. Darauf habe ihr einen Untersuchungstermin gegeben.

Am Tag der Untersuchung habe ich bei ihr vorher einen Lese-Test durchgeführt. Sie konnte tatsächlich eine relativ große Schrift an der Rückseite der Ordner, die neben meinem Schreibtisch standen, von einer Entfernung von zwei Metern mit dem rechen Auge sehr verschwommen sehen.

Danach habe ich sie nach der Methode der RAC untersucht und festgestellt, dass enorme negative Reaktionen auf Alkohol bei ihr vorhanden waren. Ich habe die Patientin gefragt, ob sie auf den Alkoholkonsum absolut verzichten könnte. Daraufhin sagt sie mir, dass dies bei ihr überhaupt kein Problem sei, wenn ihr Auge dadurch besser würde. Ich habe sie gebeten, mich nach etwa zwei bis drei Woche telefonisch darüber zu informieren. Nach etwa zweieinhalb Wochen teilte sie mir mit, dass sie mit ihr rechtem Auge wieder völlig normal sehen kann. Ich war selber sehr überrascht. Der gleiche Sehtest ergab ein paar Tage später bei ihr doch ein gutes Ergebnis.

Einige Wochen später, als sie wieder verschwommen sah, habe ich bei meinem Untersuchungstest wiederum eine starke negative Reaktion auf Alkohol feststellen können, wobei die Patientin schwor, dass sie seit der letzten Untersuchung nicht mal ein Tröpfchen Alkohol getrunken habe. Als wir beide ein paar Minuten schwer am Überlegen waren, fiel ihr plötzlich ein, dass sie ein Tag davor am Abend im Theater in der Pause nur ein Schlückchen Sekt getrunken hatte, damit sie sich bei den Freunden nicht rechtfertigen musste, warum sie kein Alkohol trinkt.

Die Sachlage war hier für mich mehr als hundertprozentig klar und ich wusste nun ganz sicher, warum Alkohol im Islam als Genussmittel absolut verboten und in Medikamenten als Lösungsmittel unbedenklich erlaubt ist. Die Information, unsere Absicht, den Alkohol als Genussmittel zu trinken, durchläuft, den Nucleus accumbens (s. unter 1. Kapitel bei B. Funktion des ZNS). Die Menge des Alkohols spielt dabei keine Rolle. Die Sehstörung der Patientin wäre auch rückgängig geworden, selbst wenn sie zufällig an dem Abend keinen Alkohol getrunken hätte, aber das Trinken vom Alkohol beabsichtigt hätte.

Hier (Nucleus accumbens) ist die Stelle, wo Scheinfreude bis Scheinglück und Sucht vermittelt werden. Die Patientin, die Gott sei Dank eine sehr gebildete und kluge Frau ist, hat es sofort verstanden und akzeptiert. Es kam zwischendurch zu einer gewissen Schwäche des rechen Auges. Als ich ihr aber erklärt hatte, dass sie selber innerlich null Toleranz gegenüber Alkohol zeigen sollte, wenn ihre Familienmitglieder oder andere Leute Alkohol trinken, wurde diese kleine Schwäche auch auf Dauer beseitigt und ihr rechtes Auge ist bist jetzt völlig in Ordnung geblieben.

Es wurde sogar zusätzlich ihr lästiger wiederkehrender Herpes am rechen Auge dadurch gebessert.

Nach meiner vierjährigen intensiven Beobachtung sieht es so aus, als ob der Nucleus accumbens bei bestimmten Sachen besonders, wenn sie Sucht erzeugen, je nach der Stärke des Suchtpotenziales auf der« Lauer« sitzt.

Deshalb führt nach meinen Erfahrungen eine totale innere Entschlossenheit, dem Alkohol als Genussmittel eine absolute Absage zu erteilen, zum Ziel.

Eine eigene innere Entschlossenheit und Überzeugung bedeutet im Islam nicht, dass man zu anderen Menschen unfreundlich, grob, ablehnend oder gar abwertend und verletzend sein sollte, sondern ganz im Gegenteil sollte man seine Meinung freundlich und sogar liebevoll vortragen. So lehrt uns der Islam (Koran Sure 16, Vers 125, 2. Titelseite dieses Buches). Ich hoffe, dass ich mit der Titelseite meines Buches »Der Islam ist die heilende Medizin« nicht übertrieben habe.

Der Wirkungsverlauf von Alkohol über den Nucleus accumbens, dem limbischen System, bis zum Thalamus und vielen anderen hohen Hirnregionen, oberste Quellen für unsere Stoffwechselregulation, macht es deutlich, wie vielfältig die daraus resultierenden Symptome und Krankheiten sind (s. 1. Kapitel B. Funktionen des Zentralnervensystems (ZNS)). Aufgrund der daraus resultierenden Stoffwechsel-Störungen und Entgleisungen können die Fundamente und Grundlagen für fast alle Krankheiten geschaffen werden. Natürlich gibt viele andere gefährliche Toxine, die für unseren Körper sehr schädlich sind. Der besondere Einfluss von Alkohol, wie auch der anderen Suchtmittel, entfaltet sich in hohen Regionen des Gehirns insbesondere im Nucleus accumbens, der Teil unseres limbisches System ist und damit zu unserem Unterbewusstsein gehört. Deshalb bekommt der Alkohol als Droge eine Sonderstellung.

Es ist daher sehr wichtig, dass man nicht wartet, bis die ersten Symptome der Sucht auftreten und dann erst den Alkohol als schlimm einstuft, sondern viel früher sollte an die oben beschriebenen vielfältigen Wirkmöglichkeiten gedacht werden. Denn die Sucht ist nur die eine Ebene der vielen Erscheinungsformen der Alkoholschäden.

In den letzten vier Jahren habe ich bei meinen Patienten viele besondere Erfahrungen mit Alkohol gesammelt. Nur einige wenige Beispiele möchte ich hier schildern.

Ein junger Mann Anfang zwanzig klagte seit einiger Zeit über Kraftminderung und ein Taubheitsgefühl im Bereich der Außenseite seines rechten Beines. Die neurologische Diagnose lautete unklare Neuropathie. Als ich nach meiner Untersuchungsmethode den Alkohol als Ursache für sein Leiden feststellte, habe ich ihm ein absolutes Alkoholkonsumverbot verordnet und habe ihn über die weiteren Folgen von Alkohol aufgeklärt. Nach einigen Monaten war er völlig beschwerdefrei und sehr dankbar.

Ein weiterer besonderer Fall war eine junge Frau, die bald heiraten wollte. Sie klagte seit einigen Jahren über unklare Spannungen und Beschwerden der Beine. Die Untersuchungen bei vielen anderen Ärzten waren alle ohne pathologischen Befund. Man hatte ihr Lymphdrainagen verordnet, die auch leider ohne Erfolg blieben.

Daraufhin habe ich die Patientin nach der Methode der RAC untersucht und festgestellt, dass ihr Problem epigenetisch bedingt ist und vor einigen Generationen durch den Alkohol verursacht wurde.

Nach kurzer Überlegung erzählte sie mir, dass ihre Oma immer erzählte, dass ihre Oma auch solche Probleme mit ihren Beinen hatte. Die Patientin wurde von mir behandelt und nach etwa zehn Monaten waren ihre Beschwerden um 80 bis 90 Prozent besser geworden.

Für die Behandlungen solcher besonders schwerer Fälle waren immer ein absolutes Alkoholverbot und eine innerliche totale Abneigung und null Toleranz gegenüber Alkohol sehr notwendig.

Die Forscher um Jacob Theruvathu (Amerikaner) untersuchten daher die Reaktion von so genannten Polyaminen mit Acetaldehyd. Polyamine sind natürliche Bestandteile der Zelle und galten bisher als Schutzstoffe: Sie sind wichtig für das Zellwachstum und schützen die DNA vor oxidativen Schäden. Nach dem Genuss von Alkohol jedoch erleichtern die Polyamine die Umwandlung des Acetaldehyds in Crotonaldehyd, stellten die Forscher fest. Dieser Umweltschadstoff verändert die DNA und führt so zur Entstehung von Krebs.

Auch in früheren Studien war bereits gezeigt worden, dass der schädliche Crotonaldehyd aus Acetaldehyd entstehen kann. In diesen Untersuchungen waren jedoch immer sehr große Mengen Acetaldehyd verwendet worden. Theruvathu und seine Kollegen wiesen nun nach, dass für die Bildung des Crotonaldehyds und damit für die Krebsentstehung schon so geringe Mengen Acetaldehyd ausreichen, wie sie im Speichel von Alkohol konsumierenden Menschen vorkommen.

Die obengenannte Patientin mit Beinbeschwerden muss glücklich sein, dass es nicht zu weiteren DNA-Veränderungen vor Generationen gekommen ist und durch epigenetische Veränderungen »nur« Beinprobleme bei ihr verursacht wurden.

Wenn diese Droge schon in geringer Menge unsere Erbanlage in Visier nimmt, dann habe ich bestimmt oben mit der Aussage »Hinrichtung« durch den Alkohol nicht übertrieben.

Durch seine geringen und trügerischen Vorteile, wie z.B. schöne Entspannung und sich nach dem Stress etwas wohler zu fühlen, sollte man sich nie täuschen lassen.

Der Nucleus Amygdala, ein Teil des limbischen Systems, ist ein besonderer Ort für unsern Zorn und Wutanfälle. Diese Stelle wird so unter den mörderischen Befehl von Alkohol gestellt, dass es bei einem Wutanfall sogar so weit kommen kann, dass der Mensch in die Lage versetzt wird, andere Menschen zu beschimpfen und zu schlagen oder eventuell auch zu töten. Eine Entschuldigung und Reue danach kann dann nicht mehr hilfreich sein. Wenn der Nucleus Amygdala bei einem Zornanfall zum Glühen kommt, wird das rationelle Denken unter Umständen durch den Alkoholeinfluss mehr oder weniger ganz ausgeschaltet und der Mensch handelt nur noch aus dem Affekt.

Wut und Zorn und andere Triebe und Gefühle sind in uns angeboren und gehören zu uns. Sie sind im Normalfall kontrollierbar und angemessen und bezwecken etwas Positives in uns und für die Gesellschaft. Wenn jemand zum Beispiel wütend wird, weil ihm etwas Ungerechtes angetan wurde, kann seine emotionale Reaktionen mit Wut und Zorn gut und nützlich sein, soweit sein Zorn angemessen und der Sache dienlich ist. Diese positive kontrollierbare Reaktion zeigt seinen guten Charakter.

Bei Genuss von Drogen können diese Emotionen unkontrollierbar werden.

Natürlich kann man sagen, ach, ich kenne einige Menschen, die Alkohol getrunken haben und steinalt geworden sind, selten krank waren und sogar sehr freundlich und hilfsbereit waren. Es stimmt und ich glaube, dass es solche Menschen gibt, denen viele Probleme erspart bleiben. Aber ich traue dem Nucleus accumbens zu, dass er mit seinen vielfältigen trügerischen Fähigkeiten und Verbindungen sich bei denen woanders rächt, indem er intensiver und schlimmer z.B. deren Erbanlage angreift und den Menschen grausame schwere Schäden zufügt.

E. Fehltritte, Fehlverhalten (Übersetzung für Sünden, auf Afghanisch »gonah«)

Leider begehen wir tagtäglich viele Fehltritte. Alle großen Religionen warnen uns davor. Doch dies findet nicht immer genügende Beachtung. Es ist nicht meine Absicht, hier zu predigen, sondern ich möchte gerne von der medizinisch-naturwissenschaftlichen Seite die Sache beleuchten. Denn bei meinen täglichen Behandlungen konnte ich immer wieder feststellen, dass zwar meine Therapien geholfen haben, aber nicht so nachhaltig waren, wie ich es mir gewünscht hatte.

So bin ich bei meinen Untersuchungen auf Fehltritte aufmerksam geworden, die dann meist zum festen Bestandteil meiner Diagnostik wurden.

Ich möchte einige Beispiele von vielen Fällen in meiner Praxis hier erzählen.

Bei einigen Patienten mit verschiedenen chronischen Beschwerden konnte ich feststellen, dass bei denen die üble Nachrede als Hauptproblem galt. Für mich ist es natürlich immer sehr schwer und unangenehm, so etwas jemandem direkt ins Gesicht zusagen, wobei man selber einen Haufen von solchen Fehlhaltungen mit sich herumschleppt. Dazu kommt, dass die Fehltritte unserer Vorfahren über die Erbanlagen unsere Schultern auch noch belasten.

Ich bin froh, dass ich mit diesem Buch die Patienten darauf schon vorbereite, damit solche Gespräche zwischen uns nicht ganz fremd erscheinen.

Unser natürlicher Kern (auf Arabisch und Afghanisch Fitrat) ist edel und als gut angelegt. Alles von außen, was diesem Konzept nicht entspricht, verursacht über unser vegetatives ZNS (siehe Kapitel 1 unter B) in unserm Körper einen mehr oder weniger verzerrten Stoffwechselzustand, der wiederum nach dem Schneeball-Prinzip den Weg für weitere Entgleisungen frei macht, bis sich schließlich krankhafte Veränderungen manifestieren. Dr. Josef Murphy trifft in seinem Buch »Die Macht Ihres Unterbewusstseins« die Sache im Kern.

Auch ein nicht richtig geläutert verdientes Geld, von dem man lebt, wird sich irgendwann als Leid an uns rächen. Auch hier konnte ich einige Zusammenhänge mit den bestehenden Krankheiten feststellen.

Mehrere junge Menschen, die von mir gehört hatten, kamen von weiten Strecken zu mir und klagten über Potenzstörungen verschiedener Art. Alle schulmedizinischen Untersuchungen waren bei ihnen ohne pathologischen Befund. Meine Untersuchungen zeigten bei allen ausnahmslos sexuelle Fehlhaltungen. Die Gespräche waren für mich eine sehr heikle Sache. Die meisten von ihnen erzählen, dass sie sich durch Anschauen der entsprechenden Filme und Bilder in bestimmten Magazinen nur Appetit für zu Hause holen wollten. Wie beim Alkohol verläuft die Sache ähnlich, jedoch viel intensiver.

Es bleibt nicht nur bei Bildern, sondern führt immer zu Steigerung bis das Familienleben auseinanderbricht oder es sehr problematisch wird.

Ich möchte hier nicht mehr über weitere andere Fehlhaltungen, die ich bei meinen Patienten festgestellt und behandelt habe, erzählen. Anhand der oben beschrieben Beispiele wollte ich das Prinzip erklären und zeigen, wie negativ und krankmachend sie (die Fehltritte) auf uns wirken. Natürlich ist die Schwere der Erkrankung vom Grad der

Fehlhaltung abhängig. Es ist sehr wichtig, dass man sich über Fehlhaltungen, insbesondere schwere und große Fehltritte, bei religiösen Autoritäten erkundigt.

4. Kapitel

Therapie der Krankheiten:

Die heutigen schulmedizinischen Therapien sind meistens Symptom-Behandlungen. Ich hätte nichts dagegen gehabt, wenn dadurch Krankheiten abgeheilt und keine zusätzlichen Schäden zustande gekommen wären.

Durch den Eintritt von Viren, zum Beispiel bei grippalen Infekten, versucht der Organismus selbst wichtige und notwendige Stoffe zu bilden, um sich mit eigenen Kräften zu heilen.

Prostaglandine gehören zum Beispiel zu solchen Stoffen. Sie sensibilisieren die Schmerzrezeptoren, und die Wärmeregulation (Fieber) und die Magen- und Nierendurchblutung werden durch sie angeregt.

Außerdem setzt der Körper viele weitere andere Abwehrmechanismen in Gang, um unseren vorherigen gesunden Zustand wiederherzustellen. Die meisten Schmerzmittel hemmen leider die Bildung dieser Prostaglandine und damit zumindest verzögern sie den normalen Heilungsprozess des Organismus. Normalerweise müssen wir bei diesen Situationen unserem Körper auf natürliche Art helfend zur Seite stehen.

Ich warne meine Patienten immer sehr vor der Benutzung bestimmter Nasenmittel, die Vasokonstriktiva (gefäßverengendes Arzneimittel) beinhalten. Solche Nasentropfen oder Sprays sollten von vornherein gar nicht benutzt werden. Denn nach einer gewissen Gewöhnung der Nasenschleimhäute verlieren nach meiner Erfahrung und Überzeugung die Blutgefäße der Nasenschleimhäute ihre Elastizität, danach kommt es zu einer Dauer-Blutstauung der Schleimhäute. Dadurch ist eine chronische Infektanfälligkeit der oberen Luftwege schon vorprogrammiert. Es ist sehr interessant, naturheilkundig zu wissen, dass einige Akupunkturpunkte des Dickdarmes, des Dünndarmes und der Harnblase auf beiden Nasenflügeln und über den beiden Kieferhöhlen sowie auf der Nasenwurzel sitzen, und dass der Darm etwa zu 80% für unser Immunsystem zuständig ist. Diese Akupunkturpunkte stehen mit den zugehörigen Organen in Informationsaustausch. Aufgrund dieser Erkenntnisse würde ich jede riskante Therapie an Nase und Nasennebenhöhlen sofort ernst nehmen und meiden.

Ich habe meinen Patienten immer individuell beraten und in den meisten Fällen bei akuten grippalen Infekten Ruhe, Flüssigkeit, leichte Ernährung mit nur wenig Obst und leicht verdauliches Gemüse empfohlen. Zeitweise kamen auch passende homöopathische oder andere Naturheil-Mittel in Frage.

Ich habe immer bewusst einigen meiner Patienten gezielt geraten, »nur wenig« Obst zu sich zu nehmen, weil sonst durch die Gärungsprozesse die Vitamine verschwinden und eventuell das Gegenteil erreicht werden könnte. Ich erinnere mich an einen jungen Patienten, der seit ein paar Jahren oft unter rezidivierenden Infekten der oberen Luftwege litt und mir erzählte, dass er, obwohl er jeden Abend eine große Schüssel voller Obst isst, trotzdem häufiger krank wird. Ich habe ihn untersucht und festgestellt, dass sein Bauch aufgetrieben und voller Gärungsflüssigkeit und Gase war.

Gärungsprozesse sind gesundheitlich schädlich. Man verliert dadurch nicht nur Vitamine und Mineralstoffe, sondern schädigt durch die Gärung die nützliche Darmflora und das Immunsystem

Als ich mich vor dreißig Jahre als Internist niederließ, war ich sehr überrascht, dass viele Patienten aufgetriebene

Bäuche hatten. Damals fing ich an, mich für die Naturheilkunde, Homöopathie, Akupunktur, Kinesiologie und Bachblüten-Therapie zu interessieren. Während meiner praktischen Erfahrungen in einer Klinik in Bad Wörishofen konnte ich feststellen, dass bei fast allen Krankheiten die Therapie des »kranken Bauches« eine sehr zentrale Rolle spielte. Es wurde versucht durch eine spezielle Mich-Semmeldiät (Mayr-Kur) solche Gärungen im Bauch »trocken« zu legen. Die Patienten mussten sich zunächst viel Zeit nehmen und lernen, lange zu kauen. Als häufigste Ursache für diese Bäuche waren viel Vollkornbrot, viel zu viel Obst und schwer verdauliches Gemüse als Rohkost verantwortlich. Dr. F. X. Mayr bezeichnet den Darm als Wurzel »der Pflanze« Mensch. Auch nach meiner Erfahrung und Überzeugung haben fast alle gesundheitlichen Störungen direkt oder indirekt mit dem Bauch zu tun.

Im Brot mit vielen verschiedenen Körnern sind viele wertvolle Stoffe enthalten, die unsere Körper unbedingt braucht. Das Problem besteht aber darin, dass die Stoffe nicht immer aufgenommen werden können, weil sie aufgrund des Kaumangels nicht genügend aufgeschlossen wurden. Durch die Gärung im Darm verschwinden nicht nur die wichtigen Vitamine und Elektrolyte im sauren »Sumpf« des Bauches, sondern es kommt zusätzlich zu Entzündungen der Darmwand und zu Störungen der Resorption vieler wichtiger Stoffe. Deswegen ist unsere Ernährung dann ganz effektiv, wenn die Nahrungsmittel gut gekaut, verdaut, aber auch effektiv aufgenommen werden können.

Wenn wir also die Körner im Brot oder Müsli immer lange und gut kauen, dann erzielen wir eine Vollwerternährung.

Die Übersäuerung bei der Ernährung führt zusätzlich zu Energiestagnation. Als Folge davon sind wir müde, kraftlos und vor allem bei kleinen unbedeutenden Anlässen schnell im wahrsten Sinne des Wortes sauer und gereizt.

Bei einer chronischen Übersäuerung und beim Verlust der Elektrolyte, vor allem von Calcium, kann die Entstehung der Osteoporose und Nierensteine deutlich begünstigt werden. Der Körper versucht ständig, das verlorene Calcium aus den Knochen zu mobilisieren, um den Calciumspiegel im Blutserum für sonstige wichtige Aufgaben konstant zu halten. Dabei verlieren die Knochen selber diese wichtige Substanz. Dabei kann der überschüssige Teil in die Nieren abgelagert werden und zu Nierenstein- Bildung führen. Seit etwa 30 Jahren empfehle den Patienten, die unter Nierensteinen und Nierenkoliken leiden, einen Säure-Basen-Ausgleich in ihrer Ernährung. Seitdem sind sie alle beschwerdefrei geblieben.

Die Patienten mit Gärungsbäuchen brauchen eine langfristige Therapie, die mit viel Geduld und Disziplin verbunden ist. Ich habe einige meiner Patienten, denen ich häufig dringend empfohlen hatte, gegen ihre schlechten Bäuche etwas zu unternehmen, die aber leider diese Maßnahmen nicht konsequent durchführten, lange Jahre beobachtet. Sie bekamen immer wieder neue Krankheiten wie unruhige Beine, chronische Gelenk- und Muskelbeschwerden, Verstopfung im Wechsel mit Durchfall und viele andere Krankheiten. Weil sie wegen ihrer Beschwerden gezwungenermaßen Medikamente nehmen mussten, kamen noch leider einige weitere gesundheitliche Störungen dazu. Weil das Immunsystem, das sehr viel von der Darmfunktion abhängig ist, auch nicht gut funktionierte, bekamen sie häufig Infekte, z.B. der Harnwege und oder der oberen

Luftwege, die leider wiederum ohne ständige Antibiotikabehandlung nicht heilen konnten. Antibiotika töten bekanntlich nicht nur die bösen Bakterien des Infektes, sondern schädigen auch die sehr wichtige lebensnotwendige Darmflora. Das Immunsystem, das ohnehin vorher geschädigt war, bekommt noch durch den Verlust der nützlichen Darmbakterien einen viel größeren Schaden.

Es lag keinesfalls daran, dass die Patienten zu mir kein Vertrauen und mir nicht geglaubt hatten, um meine empfohlene Therapie durchzuführen, sondern vielmehr daran, dass die Bauchtherapien mühsam sind und viel Zeit und Geduld in Anspruch nehmen. Hinzu kommt noch, dass die ganzheitliche Denkweise in der Medizin noch nicht so verbreitet ist.

Der Wiederaufbau der Darmflora stellt wegen der Immunabwehr einen sehr wichtigen Teil unserer Gesundheit dar. Die Probleme der Darmflora können auf Dauer Wurzel vieler Krankheiten vor allem auch schwerer chronischer Krankheiten werden.

Auch unsere Wirbelsäule bleibt von unseren Magen-Darm-Krankheiten nicht verschont. Die häufigen rezidivierenden Blockaden im Bereich der Wirbelsäule haben fast immer eine innere Ursache. Eine der wichtigsten Ursachen ist die Funktionsstörung des Darmes. Deswegen kommen diese Blockaden häufig nach den chiropraktischen Eingriffen schnell wieder.

Die Behandlungen häufiger Kopfschmerzen, Migräne und Tinnitus bedeuten für Ärzte eine schwere Herausforderung.

Die Ursachen können multifaktoriell sein.

Zusammenfassend gehe ich bei chronischen und komplizierten Krankheiten besonders ganzheitlich vor und teste die Patienten auf mehrere Ursachen:

1.: Nahrungsmittelallergie und Nahrungsmittelunverträglichkeit. Falls eine Allergie oder Unverträglichkeit auf Nahrungsmittel bestehen sollte, müssen diese Nahrungsmittel zunächst unbedingt vermieden werden, ansonsten werden weitere Therapien ohne Erfolg bleiben.

2.: Testen der Darmflora: Unsere natürliche Darmflora ist für unsere Gesundheit, vor allem für das Immunsystem, von großer Bedeutung. Sie können nach einer Antibiotika-Behandlung, wie oben beschrieben, geschädigt werden. Im Falle der Schädigung müssen sie unbedingt wieder aufgebaut werden, weil die pathologische Darmflora ein großes Therapiehindernis darstellt.

3.: Eine Besiedlung des Darmes mit Pilzen muss auf jedem Fall erkannt und auch mitbehandelt werden.

4.: Ich teste die Patienten nach USK (ungelöster seelischer Konflikt). Falls verdrängte Probleme oder störende Erinnerungen festgestellt werden, müssen sie mitbehandelt werden. Ansonsten sind weitere Therapien nicht mehr nachhaltig. Die Behandlungen von solchen verdrängten seelischen Konflikten sind sehr zeitaufwendig und verlangen viel Geduld und die Mitarbeit des Patienten.

5.: Testen auf Hormone: Eine hormonelle Funktionsstörung gynäkologischer Art bei Frauen behandele ich meisten homöopathisch, naturheilkundig, mit Bachblüten oder

Akupunktur. Es können auch mehrere Therapieformen gleichzeitig notwendig werden.

6.: Testen auf Toxine: Z.B. können Schimmelpilzbesiedlungen im Haus oder auf dem Arbeitsplatz schwere therapieresistente Krankheiten und Gesundheitsstörungen verursachen, falls sie unerkannt bleiben.

7.: Testen auf Übersäuerung des Körpers, Suche nach Narben aufgrund von Verletzungen oder Operationen. Weiterhin werden die Patienten auf chronische Entzündungen, z.B. in den Nasennebenhöhlen und Zähnen, sowie sonstiges getestet und entsprechend behandelt. Im Falle der Übersäuerung ist meistens eine Umstellung der Ernährung notwendig. Bei der Feststellung von Vitamin- oder und Elektrolytmangel ist eine entsprechende Substitution notwendig.

8.: Somatischer und psychischer Stress privat und oder auf dem Arbeitsplatz muss sehr ernst genommen werden. Es kann das Leiden so somatisiert werden, dass der Patient sich der psychischen Ursache dann nicht mehr bewusst ist.

Vor ein paar Wochen kann ein Patient zu mir und klagte seit etwa einem halben Jahr über Oberbauchbeschwerden und erzählte mir, dass alle schulmedizinischen Untersuchungen bei seinem Hausarzt in Ordnung waren. Erst bei der Testung konnte ich feststellen, dass die familiäre Stresssituation die Hauptursache dafür war. Er wurde von mir nur mit Bachblüten behandelt und alle schulmedizinische Tabletten, die ohnehin nicht geholfen hatten, wurden abgesetzt.

A. Die besondere medizinisch-therapeutische Bedeutung der fünf Säulen des Islam

A.1 Islamisches Glaubensbekenntnis:.

»Ich bezeuge: Es gibt keinen Gott außer Allah und ich bezeuge, dass Muhammad der Gesandte Allahs ist.«

Als Kind wurde uns sofort als erstes das Glaubensbekenntnis beigebracht, und als ich etwa sechs oder sieben Jahre alt war, musste ich immer nachdenken, wieso man dies als erstes lernen musste und warum man nur deswegen zum Muslim wird. Trotzdem habe ich aber daran geglaubt, weil man nicht dran zweifeln durfte. Von einem Geistlichen habe ich gehört, dass es sehr wichtig ist, vorher alle anderen Götter absolut zu verneinen. Die Verneinung (la=die Verneinung) am Anfang ist von großer Bedeutung und ohne diese ist das Glaubensbekenntnis unvollständig. Wenn man sagen würde, es gib nur einen Gott und das (la) weg lässt, ist man noch kein Muslim. Ich wurde danach noch nachdenklicher und es war gut so. Denn im Koran wird auf Nachdenken einen sehr großen Wert gelegt. Es war zwar wichtig, dass man ohne Zweifel an den Koran glaubt, weil es Gottes Wort ist. Aber bis man etwas richtig verstanden hat, sollte man immer weiter darüber nachdenken. Über diese richtige religiöse Erziehung bin ich heute sehr dankbar. Als ganzheitlich beschäftigter Arzt weiß ich heute, dass in unserem Unterbewusstsein alle Informationen gespeichert sind. Für das Bewusstwerden dieser Informationen, d.h., um sie zu begreifen, muss man sich immer mehr Wissen aneignen, viel nachdenken, und vor allem kritisch bleiben. Und noch wichtiger ist es, dass der Glaube vorher vermittelt wird. Die erste und wichtigste Stelle ist das Elternhaus. Es wurde uns durch unsere Eltern, Geschwister und Verwandten immer der Glaube und die Wichtigkeit des Glaubens vermittelt. Denn unser Zentral-Nerven-System ist so konstruiert, dass es das übermittelt, was ihm vermittelt wird. Es übernimmt genauso gut zum Beispiel den Atheismus, wenn dieser ihm beigebracht und vor allem suggeriert wird. Weil Gott dem Menschen den freien Willen gegeben hat, will Er ihn nicht zu irgendetwas zwingen. Der Koran sagt, es gibt zwar keinen Zwang in der Religion, aber es besteht ein Unterschied zwischen der Wahrheit und dem Irrtum. Deswegen ist es sehr wichtig, dass nach Möglichkeit im Kindesalter schon der Islam vermittelt wird. Noch wichtiger ist es, wenn die Eltern oder Erzieher als Vorbilder fungieren.

Der Islam lehrt uns immer, nach Wissen zu streben. Wenn etwas zum Islam nicht passt oder sogar total im Gegensatz dazu steht, sollte man es nicht als falsch und unsinnig ablehnen, sondern für eine wissenschaftliche Erklärung sorgen. Ich habe einmal von einem hohen frommen islamischen Geistlichen, dem ich sehr viel in meinem moralischen und geistigen Leben verdanke, gehört, dass die Ablehnung einer anderen Meinung einen Menschen hinter der Mauer der Unwissenheit stehen lässt. Ich habe von diesem islamischen Gelehrten auch gelesen, dass, wenn es einmal zu einem Streit zwischen den Umständen und der Wahrheit kommen sollte, sich die Umstände der Wahrheit anpassen müssen und nicht umgekehrt. Deshalb habe ich mich mit der Frage, warum das Trinken der Flüssigkeit beim Fasten im Monat Ramadan verboten ist und das Fasten in dieser Form uns Muslime als Pflicht sogar befohlen wird, Jahrzehnte lag beschäftigt und darüber viel nachgedacht. Aus diesem Grund habe ich immer wissenschaftliche Bücher gelesen und mich mit vielen neuen wissenschaftlichen Forschungen befasst, bis ich die Lösung dafür gefunden hatte.

Das Glaubensbekenntnis hat in dieser Form im Islam größte zentrale Bedeutung. Die erste und allerwichtigste Aufgabe aller Propheten im Koran war es, den Menschen jener Zeiten die Lehre vom Tauhid (Einheit Gottes) bekannt und glaubhaft zu machen, nämlich, es gibt keinen Gott außer dem einen Gott (Allah).

Als Arzt bin ich andauernd, den Islam im Hinterkopf, bestrebt gewesen, nach der letzten Ursache der Krankheiten zu suchen. Besonders traurig ist es, dass wir in unserer heutigen zivilisierten Welt trotz hoher Wissenschaft und technologisch fortgeschrittener Medizin immer mehr mit der Zunahme der schweren Krankheiten konfrontiert sind und unsere Krebspatienten sogar immer jünger werden als etwa vor etwa 40 Jahren. Natürlich können wir dank unserer modernen technologischen Errungenschaften vieles beherrschen und die Lebensqualität deutlich bessern. Besser wäre es aber, wenn viele Krankheiten erst gar nicht entstehen würden.

Hier bekommt die Lehre vom Tauhid (Einheit Gottes) ihre zentrale Bedeutung. Unsere Körper, der ständig Reizen von innen und außen ausgesetzt ist, versucht alles so zu regulieren, dass die Integrität unseres Organismus wiederhergestellt wird und wir uns gesund und wohl fühlen. Dafür müssen alle unsere Organe und Organteile gesund sein und einwandfrei funktionieren. Wenn wir aber auch alle Voraussetzungen für gesunde Organe unseres Körpers geschaffen haben, würde trotzdem unser Organismus mit einer verzerrten geistigen Energie keine vollkommene Integrität ohne den Tauhid schaffen können (s. 1. Kapitel unter B (ZNS)). Ich vergleiche es mit einem Auto, in dem alle seine Bestandteile nagelneu und frei von Fehlern sind. Dieses Auto kann aber nur dann gut funktionieren, wenn es mit gutem Benzin und Öl versorgt wird.

Das Glaubensbekenntnis, den Tauhid, nimmt unser Bewusstsein auf, leitet es in tiefere Regionen unseres Gehirnes (Unterbewusstsein) und sorgt für die Energie der Einheit und Integrität. Ich habe in meinem Leben Muslime mit hoch entwickeltem islamischem Horizont und islamischer Lebensweise erlebt, die keine Medizin in ihrem Leben eingenommen hatten und nie beim Arzt waren und trotzdem gesund und fröhlich waren und sogar hellseherische Fähigkeiten hatten. Für mich waren diese Phänomene sehr beeindruckend.

Je mehr unser Bewusstsein Erkenntnis und Überzeugung von der Lehre des Tauhides bekommt, desto intensiver arbeitet er damit.

Ganzheitliche Prinzipien kann man überall beobachten. Wenn man sich mit der Quantenphysik beschäftigt, ist das kleinste Teilchen über das Ganze und das Ganze ist über das kleinste Teilchen informiert. Und es ist deswegen so, damit alles harmonisch vernetzt, zielgerichtet und einer bestimmten hohen Ordnung folgend störungsfrei abläuft.

Faszinierend ist, dass in unserem Gehirn durch Zellen mit ihren speziellen Nervenfortsetzungen (medizinisch Formatio reticularis genannt) alle Gehirnteile so miteinander vernetzt sind, dass keine Stelle frei von Information über den ganzen Körper bleibt. Das bedeutet, dass der ganze Organismus schon über einen leichtesten Nadelstich informiert wird. Wehret den Anfängen.

Das Hauptziel der Schöpfung im Islam ist es, dass der Mensch sich den Weg der Vervollkommnung auswählt, wo er am Ende absolute Sicherheit und Glückseligkeit erntet.

Die göttliche Energie des Tauhides ist in unserem Unterbewusstsein angeboren und vorhanden und es liegt nur an uns, deren Existenz bewusst zu werden, um davon den größten Nutzen zu ziehen.

Deswegen wird Schirk (das Gegenteil von Tauhid) im Islam als aller größte Sünde betrachtet, weil die harmonischen und zielgerichteten Abläufe des Tauhides durch Schirk zu Verzerrungen in der ganzen Vernetzung führen und dadurch der harmonische Stoffwechsel, der nach der hohen Ordnung des Tauhides zielstrebig arbeitet, in schweren Misskredit gerät. Als Folge davon entstehen bei den Menschen dann seelische und körperliche Krankheiten, die ihrerseits letztlich zur Zerstörung und Vernichtung der Gesellschaften führen können. Der Koran sagt uns, reise auf der Erde überall und siehe das Zeichen und das Ende derer (die Moschrek), die neben dem einen einzigen Gott an andere Götter geglaubt hatten.

Das Prinzip des Dualismus ist aus unserem Leben nicht wegzudenken. Die beiden Nervensysteme, das sympathische- und parasympathische System, arbeiten nach diesem

Prinzip. Sie sind zwar gegensätzlich, aber in ihren Funktionen sind sie absolut verneint und bedingen sich gegenseitig trotz ihrer Verschiedenheit.

Ein Beispiel: Während in der Nacht der Parasympathikus seine Aktivität mehr ausbreitet, damit unser Körper sich gut regeneriert und auch noch neue wichtige und notwendige Stoffe für unser Leben wieder und weiter gebildet werden, profitiert der Sympathikus für seine aktive Arbeit tagsüber voll von der Arbeit des Parasympathikus. Mit der Hilfe des Sympathikus sind wir am Tag wach und aktiv, weil in der Ruhephase der Parasympathikus für die energetische Voraussetzung des Sympathikus schon gesorgt hatte. Also wäre ohne dieses Prinzip unser Leben und damit unsere Entwicklung gar nicht möglich gewesen.

Mann und Frau sind zwar in ihrer Natur verschieden, aber in der Ehe vor Gott, nämlich auf dem Wege der Entwicklung und Vervollkommnung, sind sie sich einig und ergänzen sich. Das bedeutet, dass sie sich gegenseitig für ihre geistige Fortentwicklung brauchen, um das Prinzip des Tauhides zielführend zu realisieren.

Natürlich denken manche, man kennt Ehen, die total zerstritten sind und auseinander gehen. Das kann ich durch meine eigene Patientenerfahrung aus meiner Praxis bestätigen.

Normalerweise sollte durch die Auseinandersetzungen zwischen Mann und Frau jeder auf seine eigene Fehler und Schwäche aufmerksam gemacht werden und sich korrigieren und ändern, sonst würde eine Entwicklung der Persönlichkeit nicht zustande kommen. Aber leider ist das meist nicht der Fall und jeder erwartet, dass die oder der andere sich ändert. Derartige Konfliktsituationen, die eine Desintegration und Trennung zur Folge haben und damit gegen das Prinzip vom Tauhid sind, bedingen die besten Voraussetzungen für die Aktivitäten unseres Belohnungssystems, das uns Scheinglück vermittelt.

Die Erklärung dazu werde ich wissenschaftlich erläutern. Alle Erscheinungen, die gegen das Prinzip des Tauhides (Einheit Gottes) gerichtet sind, bedienen sich gerne unseres Nucleus accumbens, damit zunächst ein Scheinglück vermittelt wird. Das Scheinglück blendet unsere Vernunft und lässt die Sache als angenehm, schön und realistisch erscheinen. Damit akzeptieren wir die Sache und sind total überzeugt, dass wir das Richtige gemacht haben. Es kommt noch dazu, dass unser ganzer Stoffwechsel, der wiederum über das vegetative Nervensystem mit dem Nucleus accumbens verbunden ist (s. Kapitel 1 B. Funktion des ZNS), sich dadurch verändert und so darauf eingestellt wird, dass unser Denkweise auch dauerhaft davon die Überzeugung findet und die Sache immer weiter als realistisch sieht. Noch schlimmer ist es, dass dieser Teil des Belohnungssystems unseres Gehirnes nach meiner Erfahrung so mit der verführerischen und teuflischen Geschicklichkeit ausgerüstet ist, dass er bei alle Sachen, die gegen den Tauhid gerichtet sind, einige der betroffenen Menschen für gewisse Zeit oder sogar dauerhaft mit Störungen und Leiden nicht zu behaften versucht, aber dafür den Menschen, die diese Gedanken und Verhalten nachahmen oder gar nur tolerieren, große körperliche und seelische Probleme zufügt. Es ist im Islam sehr wichtig, dass man selbst fest bei seiner Überzeugung bleibt und die Dinge, die gegen den Tauhid gerichtet sind, nicht nur für sich, sondern auch für alle Menschen schlecht und schädlich findet, aber keinesfalls zu anderen Menschen ablehnend, unfreundlich oder gar beleidigend ist. Das lehrt uns: Sure 16 Vers 125 des Korans (Titelseite dieses Buches).

Wie ich schon erwähnt habe, beschäftige ich mich zusätzlich mit viel tieferen Ursachen der Krankheiten unserer Zeit, die uns viel Leid, Kummer und oft Hilfslosigkeit bereiten.

Das Prinzip des Tauhid ist nicht nur auf den menschlichen Körper beschränkt, sondern umfasst die ganze Schöpfung und das Universum. Alles funktioniert nach der Methode der Einheit. Da unser Organismus Teil dieses vernetzten Ganzes ist, muss der Mensch auf seine Fehlhaltungen Acht geben, damit er nirgends Schaden verursacht. Die Fehlritte gegenüber Mitmenschen, Tieren, Pflanzen und unserer Umwelt reflektieren auf uns deswegen wieder zurück, weil wir durch unser negatives Verhalten die universelle, alles in Harmonie umhüllende Energie, die für Stabilität und Heil zuständig ist, aus dem Gleichgewicht bringen. Wir stören damit nicht alleine unsere, sondern auch die allgemeine universelle »Homöostase« (=Gleichgewicht).

Je mehr wir uns somit mit dem Prinzip des Tauhides vertraut machen und davon immer mehr Überzeugung bekommen, daran innig glauben und es vor allem praktizieren, desto intensiver und sicherer sorgt unser Unterbewusstsein für einen integrierenden stabilen Stoffwechsel in uns und der verzerrende krankmachende Einfluss des Nucleus acummbens wird immer weniger werden. Das braucht einen Kampf. Und dieser Kampf wird im Islam Jihad genannt. Großer Jihad ist eigentlich die hohe Anstrengung und der größter Kampf gegen das eigene schlechte und niedrige »Ich«. Das Ziel ist es, durch Vermeidung der Verbote und Beachtung der Verpflichtungen und Gebote nachhaltige Zufriedenheit, Gesundheit, innere Sicherheit bis Glückseligkeit zu erreichen. Weil die ganze menschliche Gesellschaft wie ein Körper ist, muss sich zunächst jeder einzelne in diesem Sinne positiv ändern. Sich ständig zu ändern, ist im Islam eine sehr wichtige Aufgabe. Es bedarf der größten Anstrengung.

Die Erlangung der Erkenntnisse der Weltanschauung des Tauhides ist das wichtigste Ergebnis des Kampfes. Die von mir oben erwähnten frommen Muslime, die sicher und gottergeben lebten und vieles in Voraus wahrgenommen hatten, waren sich der höchsten Bedeutung des Tauhides bewusst und vom Elend des Schirkes sehr überzeugt.

Deswegen macht das »la« im Glaubensbekenntnis den Tauhid zu etwas Absolutem, damit der Weg des Teufels über den Nucleus accumbens total abgeschnitten wird.

Der Koran als Gotteswort ist überzeitlich und überörtlich. Ich bin davon überzeugt, dass alles, was wir heute im Koran nicht verstehen, die Menschen bestimmt in Zukunft begreifen werden, wenn sie ihn als Mitte ihres Lebens betrachten und zweifellfrei daran glauben, nachdenken und ihren Denkhorizont erweitern. Wir müssen unserer kleines egozentrisches »Ich« weiter erziehen und entwickeln und uns immer mehr der universellen, alles in Harmonie und Ordnung umfassenden Energie anschließen.

Dann werden wir den Koran immer mehr und besser verstehen, statt ihn auf das niedrige eigene Niveau herunterzustufen. In welchem Zustand wäre ich persönlich heute gewesen, wenn ich damals als Kind mit meinem niedrigen Denkhorizont beim Koranlesen an das Glaubensbekenntnis als erstem und wichtigsten Auftrag der Propheten nicht fest geglaubt hätte und dessen ständiges

Wiederholen gar (Gott hat mich davor bewahrt) langweilig gefunden hätte. Die Folgen wären für mich verheerend gewesen.

Wenn wir bis jetzt durch das Glaubensbekenntnis für einen sicheren harmonischen und nicht verzerrten (bleibe bei Medizin) Stoffwechsel energetisch gesorgt haben, müssen wir unseren Körper in den Stand versetzen, damit er auch davon den höchsten Nutzen ziehen kann.

Das tägliche fünfmalige Gebet bildet dafür das zweite Fundament unserer Sicherheit, Gesundheit und Zufriedenheit.

A.2 Das tägliche fünfmalige rituelle Pflichtgebet

Über die Bedeutung und der gesundheitlichen Vorteile des Gebetes, worüber meine Wenigkeit hier erzählen möchte, sollte wie Tröpfchen aus einem Meer verstanden werden und nicht auf diesem nur medizinisch betrachtet niedrigem Niveau reduziert werden.

Die hohe geistige und spirituelle Bedeutung des Gebetes überlasse ich unseren hoch geehrten islamischen Gelehrten. Ihnen gegenüber bin ich zu sehr Laie und jede religiöse Stellungnahme durch mich würde eine Niederstufung der hohen islamischen Geistigkeit bedeuten. Vor ein paar Tagen habe ich ein Buch über das Geheimnis des Gebetes von einem sehr hoch geschätzten islamischen Gelehrten, dem ich vieles im meinem Leben verdanke, in die Hand bekommen und gelesen. Danach wusste ich genau, dass ich noch vieles nicht weiß.

Wenn ich bete, sind meine Gedanken fast immer überall, nur nicht beim Gebet. Selbst vor einem Vorgesetzten bei der Arbeit steht man aufmerksam und konzentriert. Dadurch kann ich in mir erkennen, dass ich noch viel geistige Entwicklung und körperliche Reinigung brauche, um beim Gebet konzentriert bei der Sache zu sein. Denn man steht vor so einem großen Gott, der der Schöpfer aller Welten ist, und von dem jeder Gläubige glaubt, dass sein Leben und Tod in Seiner Hand liegt. Trotzdem sind die Gedanken woanders und nicht beim Gebet, in dem man direkt mit Gott spricht. Dann stimmt, logischerweise, etwas mit unserem körperlichem und dem geistigem Zustand nicht.

Natürlich ist hier nach der islamischen Vorstellung der Teufel am Werk. Er will uns von der allerhöchsten Stelle der Anbetung ablenken. Die Ablenkung und Verführung gehören zu seinen wichtigsten Aufgaben. Er (der Teufel) kann dann seinen großen und dauerhaften Einfluss besser leicht und einfach auf uns ausüben, wenn wir körperlich und spirituell schwach und negativ belegt sind. Islamisch gesprochen ist unsere Triebseele (auf Afghanisch und arabisch: Nafs), die Hand in Hand mit dem Teufel zusammenarbeitet, und sich gegenseitig ständig mit ihm ergänzt, unser Befehlshaber geworden.

Auf die Rolle des Teufels im Islam möchte ich hier nicht weiter eingehen und überlasse es gerne den islamischen Gelehrten.

Mich interessiert medizinisch hier der schwache geistige und körperliche Zustand des Menschen, der den Weg für den Einfluss des Teufels frei macht.

Eine der größten Schwachstellen ist unser materieller Körper. Sein Verlangen ist unbeschreiblich und sehr groß. Hier müssen wir immer und ständig Kontrollen üben. Alles Krankmachende, was in diesem Buch schon besprochen wurde, muss konsequent vermieden werden. Eine besondere Beachtung bekommt das islamische Fasten im Monat Ramadan, worüber ich später zu sprechen komme.

Das Gebet beginnt »Im Namen Gottes, des Gnädigen, des Barmherzigen« mit der ersten Sura Al-Fatiha (die Eröffnende):

Alles Lob gehört Allah, dem Herren der Welten usw., bis zum Ende der Sure. Diese Sure muss bei jedem Gebet mindestens zwei Mal gelesen werden. In dieser Sure sagt uns Allah genau, was und wie wir mit Ihm sprechen sollen. Die Interpretationen der Sure überlasse ich wiederum unseren hochgeschätzten islamischen Gelehrten. Meine ganzheitliche Denkweise beschäftigt schon die ersten Wörter dieser Sure: »Alles Lob gehört Allah.« Alleine die Erkenntnis, dass alles Lob Ihm gehört, weil alles Gute nur von Ihm kommt, heilt viele unserer krankmachenden Probleme wie Hochmut, Gier und viele andere negative Eigenschaften, die von unserem niedrigen, zurückgeblieben kleinen »Ich« entspringen. Unsere eigene Überzeugung und Erkenntnis von den ersten Wörtern der ersten Sure (Alles Lob gehört Allah) befreit uns schon von dem Gefängnis der Unwissenheit, das wir uns selber gebaut haben. Auf der höheren Stufe solcher Erkenntnisse (Alles Lob gehört Allah), ist man nur noch damit beschäftigt, sich weiterzuentwickeln, um anderen zu dienen, damit man immer mehr Gnade erhält.

Sehr interessant und erstaunlich war es für mich, dass man bei der Akupunktur des Ohres alle Teile des Körpers über das Ohr erreicht und damit auf alle krankhaften Stellen des Organismus vom Ohr aus mit kleinen dünnen Nadeln heilende Wirkungen ausüben kann. Dass der ganze Mensch in seinem Ohr präsent ist und man von hier aus auf seinem körperlichen und seelischen sowie geistigen Zustand Einfluss nehmen kann, hat mich sehr fasziniert und zum intensiven Nachdenken veranlasst. Die Organe unseres Körpers zum Beispiel, die energiearm sind oder Gebiete, die viel pathologische Energie besitzen, können mit ein paar kleinen Nadelstichen im Ohr in Einklang und Harmonie gebracht werden. Damit können die Krankheiten so geheilt oder es kann ihnen vorgebeugt werden. Das bedeutet, dass, obwohl im Körper noch keine krankhaften Veränderungen vorhanden, aber durch unseren täglichen Stress Schieflagen entstanden sind, die später Krankheiten verursachen können, diese durch Akupunktur des Ohres harmonisiert und damit Krankheiten vorgebeugt werden können.

Die Aussage, dass das tägliche rituelle Gebet für uns Muslime eine Pflicht ist ohne die man kein richtiger Muslim werden kann, hat mich immer sehr beschäftigt, und ich wollte wirklich den tiefen medizinischen Sinn des fünfmaligen rituellen Gebetes am Tag wissen. Ich habe gedacht, wenn es um Sport ginge, dann gibt es heute viel effektivere und intelligentere Sportarten als vor zweitausend Jahren, und wenn es um das Gespräch mit Gott ginge, kann ich doch immer und überall mit Ihm in Kontakt kommen, weil Er ubiquitär ist. Wofür also dieses rituelle Gebet? Wie ich auch im vorigen Kapitel erwähnt habe, ist es sehr wichtig, dass man erst immer von ganzem Herzen daran glaubt und an Richtigkeit des Korans in sich kein Zweifel zulässt, weil alles im Koran uns von Allah über unseren heiligen Propheten Mohammad (S) gesandt worden ist. Aber genauso wichtig ist es, ruhelos zu hinterfragen. Allah empfiehlt uns im Koran an mehreren Stellen das Nachdenken. Wenn jemand sich etwa Mitte des 19. Jahrhunderts Gedanken über das Fliegen mit einem Flugzeug gemacht und den anderen erzählt hatte, hätte man ihn damals für verrückt erklärt. Damit will ich nur sagen, dass, wenn ich heute etwas nicht weiß, es nicht bedeutet, dass man es auch später nicht wissen kann. Ohne diese Denkweise wäre unser heutiger Fortschritt bestimmt nicht möglich gewesen.

Ausnahmelos Jeder Mensch in der Welt, egal, was er glaubt und welche Religion er praktiziert, würde bestätigen, dass das Vorbeugen der Krankheiten viel besser ist als die Heilung einer Krankheit. Und grade dies will Allah für die Menschen. Er ist der Gott der Welten und Seine Barmherzigkeit umfasst alles, was Er erschaffen hat. Daher haben Seine Gesetze universelle Gültigkeit.

Das rituelle Gebet als Vorbeugung und Heilung aller Krankheiten für die Menschheit? Wortwörtlich?

Aber, ja, wortwörtlich:

Der Embryo im Mutterleib hat die Form eines Ohres. Nur in dieser Form laufen die Funktionen aller seiner Organe harmonisch und zielgerichtet, damit ein gesundes Wachstum möglich wird.

Und was hat mit dem Gebet zu tun? Viel.

Wenn man sich im Gebet vor Gott niederwirft und (Sagdah macht), bekommt der Körper die Form eines Embryos

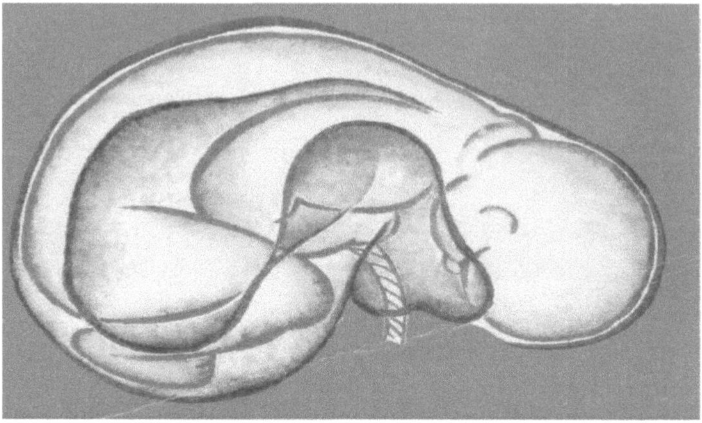

Abbildung 3:Titelbild des Buches: P. M. F.: NOGIER

In dieser Haltung bringen alle Organe ihre Funktionen gegenseitig in Harmonie. Das bedeutet, es findet überall im Organismus ein Energieausgleich statt. Damit bleibt ein gesunder Körper weiterhin stabil und gesund und neigt nicht schnell zu krankhaften Veränderungen. Für den kranken Körper ist somit das Gebet eine weitere effektive Hilfe zur Heilung und für den gesunden Organismus eine Vorbeugung aller Art vom Leiden. Was für eine himmlische Akupunktur ohne Nadel und ohne Schmerzen und das auch noch als Geschenk.

Seitdem ich diese Informationen beherzigt habe, bekommt das Gebet bei mir eine noch mehr besondere Beachtung. Falls ich während des Gebetes zeitweise nicht konzentriert bin, bete ich sofort nach.

Die Einhaltung der fünf Gebetzeiten sind deswegen von großer Bedeutung, weil in diesen Zeiten der Energieausgleich und Harmonisierung zwischen den Organen am größten ist.

Es ist sehr interessant zu wissen, dass bei jedem Gebet zu seiner bestimmten vorgeschrieben Zeit einige Organe besonders energetisch gestärkt und harmonisiert werden. Zum Beispiel in der Zeit zwischen 23 Uhr und 3 Uhr werden Galle und Lebermeridianen besonders tonisiert (bekräftigt). Wenn man in dieser Zeit für die beiden Organe eine Akupunktur durchführen würde, würden sie (Leber und Galle) davon viel mehr profitieren als in allen anderen Zeiten. Wenn jemand unter Unruhe und Schlaflosigkeit sowie Nervosität leidet und voller Sorge sowie Ärger ist, wird ihm das Nachtgebet (zwischen 23 Uhr und 3 Uhr) viele Vorteile bringen. Nach der chinesischen Medizin sind die Leber und Galle besonders für Zorn, Wut, Ärger und Pessimismus und Sorge zuständig, damit wird deren Harmonisierung viel Heil und Ruhe im Körper erzeugen.

Hier darf nicht vergessen werden, dass bis jetzt alles nur auf einen Teil des Gebetes, nämlich der Niederwerfung (Sagdah) bezogen wurde. Mich würden in Zukunft auch weitere Stellen des Gebetes von medizinischer Seite interessieren und beschäftigen.

Daher ist es von sehr großer Bedeutung, uns auf die Suche zu machen und das Originalgebet des Propheten (S) nachzuahmen. Die Wichtigkeiten beziehen sich auf die genaue Haltung und Stellung der einzelnen Glieder bei der Niederwerfung.

Damit wir vom Gebet nach Möglichkeit medizinisch viel profitieren, muss gleichzeitig für Gesundheit unserer aller Organe gesorgt werden.

Der Islam ist mit seinen Verpflichtungen, Geboten und Maßstäben ein System, das großen Wert auf Heil im diesseitigen Leben legt, damit das Jenseits sich besser gestaltet.

Als dritte Säule im Islam kommt hier dem Fasten im Monat Ramadan eine sehr große Bedeutung zu.

ﻩيَّاماً مَعْدُودَاتٍ فَمَنْ كَانَ مِنْكُمْ مَرِيضاً أَوْ عَلَى سَفَرٍ فَعِدَّةٌ مِنْ أَيَّامٍ أُخَرَ
وَعَلَى الَّذِينَ يُطِيقُونَهُ ۝ فِدْيَةٌ طَعَامُ مِسْكِينٍ فَمَنْ تَطَوَّعَ خَيْراً فَهُوَ خَيْرٌ لَهُ ۝
وَأَنْ تَصُومُوا خَيْرٌ لَكُمْ إِنْ كُنتُمْ تَعْلَمُونَ

Koran: Sure 2,Vers:184]
(Vorgeschrieben ist es euch „,,) Eine bestimmte Anzahl von Tagen. Wer von euch aber krank oder auf Reisen ist, (der faste) an ebenso vielen anderen Tagen; und für jene, die es schwerlich bestehen würden, ist eine Ablösung: Speisung eines Armen. Und wer mit freiwilligem Gehorsam ein gutes Werk vollbringt, das ist noch besser für ihn. Und Fasten ist gut für euch, wenn ihr es begreift.

A.3: Das Fasten im heiligen Monat Ramadan

Ich habe schon etwa als sechsjähriges Kind begonnen, den Koran zu lesen und natürlich den oben zitierten Vers 184 von Sure zwei viele Male gelesen. Erst aber seit etwa drei Jahren beeindruckt mich der letzte Satz des Verses der Sure 2, وَأَنْ تَصُومُوا خَيْرٌ لَكُمْ إِنْ كُنتُمْ تَعْلَمُونَ ... (und Fasten ist gut für euch, wenn ihr es begreift (Sure 2, letzter Satz von Vers 184)) … dermaßen, dass ich ihn häufig leise innerlich wiederhole. Es liegt daran, weil ich als Arzt mit kranken Menschen zu tun habe und mich für deren Heilung häufig mit vielen Therapieformen auseinandersetze. Vor allem habe ich mich vor etwa 25 Jahren sehr intensiv mit verschiedenen Ernährungsformen beschäftigt. Damals war mir dieser Vers nicht so prägnant aufgefallen wie heute. Erst nach meinen neuen medizinischen Erkenntnissen über das Fasten im Monat Ramadan, kommt dieser Vers ständig in meinen Gedanken vor und ich frage ich mich, wie kann der Mensch ohne Fasten überhaupt gesund sein oder werden? Und ich bin meinen Eltern und der Koranschule sehr dankbar, dass sie mir beigebracht haben, den Koran immer wieder zu lesen. »Fasten ist gut für euch, wenn ihr es begreift oder anders übersetzt, wenn ihr es wüsstet« (Sure 2, letzter Satz von Vers 184)

Für mich steckt in diesem Satz viel Philosophie des Wissens. Erst nach dem Wissen vor allem nach eigener Erkenntnis und Überzeugung begreife ich, wie wichtig das Fasten für die Menschheit ist. Danach versteht man es besser, dass es keine Last für die Menschen ist, sondern es gehört zu den besonderen Barmherzigkeiten Gottes, den Gläubigen das Fasten im Monat Ramadan zur Pflicht zu machen.

Ich war immer sehr entsetzt, wenn jemand mir erzählte, dass wegen des Flüssigkeitsbedarfes, zum Beispiel bei chronischen Kreislaufbeschwerden, die betroffene Person nach ärztlicher Empfehlung nicht fasten dürfte. Und viele andere Gründe, die die Muslime vom Fasten abgehalten haben, waren ein besonderer Anlass für mich, dieses Buch zu schreiben.

Wenn man nach folgenden medizinischen Erläuterungen die Bedeutung des Fastens einmal richtig versteht, dann wird es sehr klar, dass wir in unserer modernen, sehr gesättigten Zeit (gemeint ist ein Teil der Welt mit Überernährung) sogar noch mehr Fasten für unsere Gesundheit benötigen als nur im Monat Ramadan.

Für solche Erkenntnisse danke ich Allah, dass Er mich vor Jahren mit dem wissenschaftlich-medizinischem Buch von A. Pischinger »Das System der Grundregulation« bekanntgemacht hat. Bis zu dieser Zeit waren meine Gedanken ständig damit beschäftigt, vor allem, warum das Trinken von Flüssigkeit beim Fasten nicht erlaubt ist. Es ist gut, dass der Glaube uns sofort nach der Geburt durch einen Geistlichen oder die Eltern in die Wiege gelegt wird und in uns fest verankert ist. So habe ich nicht nachgegeben und keine »Minute« versäumt, um weiter nach der Ursache zu suchen.

Die modernen Forschungen unserer Zeit können für uns Muslime von großer Bedeutung sein, auch wenn sie auf den ersten Blick im Widerspruch zum Islam stehen zu scheinen. Ich bin davon überzeugt, dass viele Forscher und auch Kollegen, die sich mit der Materie beschäftigen, viel intelligenter sind als ich, um auf den gleichen Gedanken zu kommen, wie es bei mir der Fall war. Die Besonderheit liegt daran, dass wir Muslime mit einer »islamischen Brille« und damit einer anderen Sichtweise die Sachen betrachten.

Wenn A. Pischiger die Rolle des Wassers als sehr wichtigen und physiologischen Nähr-und-Bindungs-Stoff für das System der Grundregulation in seinem Buch betrachtet und schreibt, dass der Entzug und Verlust vom Wasser für die Zellen unseres Körpers schwere Folgen hat, stimme ich ihm sehr und hundertprozentig zu.

Leider ist es so, wie in diesem Buch sehr ausführlich und beeindruckend dargestellt, dass die Verschlackung (die Ablagerungen) in unseren Körper die tiefsten Wurzeln für fast alle Krankheiten in unserem Organismus bilden. Die überschüssigen langkettigen Moleküle, die überall in unserem Körper gespeichert werden, bestehen nicht nur aus Eiweiß, Kohlenhydrate und Fetten, sondern beinhalten auch viele Giftstoffe. Das Wasser ist nun nicht nur wichtig für die gesunden und normalen Zellen, sondern bildet auch die wichtigste Grundlage für die Existenz dieses gefährlichen »Stoffwechselmülls«, der das Gewebe zu »ersticken« versucht. Nur ein konsequenter Wasserentzug durch das Fasten lässt diese schädlichen Stoffe auseinander brechen und den Körper reinigen, damit das Wasser seine physiologische Aufgabe im saubere Gewebe entfalten kann. Alle anderen Ernährungsformen können auch einigermaßen zum Ziel führen, aber nicht hundertprozentig und nicht konsequent genug. Die Wurzel des »Unkrautes« aber würde damit nicht beseitigt werden.

Mechanisch betrachtet, stellen wir uns eine große Stadt vor, deren Straßen und Transitwege voller Müll sind und in der keine Müllbeseitigung stattfindet. In dieser Stadt würde nichts vernünftig funktionieren, außer dass die Mülldeponie ständig weiter an Größe zunimmt.

Es ist leider kein Wunder, dass es heutzutage viele Menschen nicht nur mit einer Krankheit zu tun haben, sondern durch mehrere gesundheitliche Störungen beeinträchtigt werden.

Herzinfarkt, Herzkranzgefäßverengung, Herzrhythmusstörung, besonders die absolute Arrhythmie bei Vorhofflimmern (sehr verbreitet), die auch zum Schlaganfall führen kann sowie Schlaganfälle bei Blutgefäßverengungen oder Aneurysma und viel andere Herz-Kreislauferkrankungen haben ihre Wurzel in den »Verschlackungen« (Ablagerungen) ihrer Gewebe sowie deren zuführenden Blutgefäßen. Das Gewebe, das nicht adäquat mit Nähr- und Sauerstoff versorgt werden wird, degeneriert langsam vor sich hin. Ein degeneriertes Gewebe eines Organes besitzt dann keine gesunden funktionsfähigen Zellen mehr. Ist es eigentlich nicht selbstverständlich, dass hier Krankheiten entstehen können? Es wäre ein Wunder, wenn das Gegenteil der Fall wäre. Bei einer Degeneration der Zellen können zusätzlich Entzündungen an diesen Stellen auftreten, die die Degeneration der Zellverbände noch mehr beschleunigen. Wie oft erlebe ich als Arzt täglich mit steigender Tendenz, dass die Patienten unter schwerer Arthrose der Finger-, Knie-, Hüft- und sonstigen Gelenke leiden und die dafür Medikamente einnehmen müssen, die dem Körper ihrerseits wiederum neue Schäden zufügen. Da unser Immunsystem blockiert wird, können als Folge davon zumindest die Entstehung vieler Erbkrankheiten sowie Autoimmunerkrankungen wie Gelenkrheumatismus und viele andere zu diesem Kreis gehörenden Leiden deutlich begünstigt werden.

Viele Menschen unserer Zeit leiden unter ständiger Müdigkeit, Erschöpfung, Lustlosigkeit, Leistungsschwäche bis zum Burnout-Syndrom und Depressionen. Ein wichtiger Grund dafür ist die Überlastung und Verschlackung im Bereich des Verdauungs-Systems. Eine Überlastung unserer Leber z.B. durch eine falsche Ernährung, Übergewicht und Verschlackung zieht automatisch weitere Funktionsstörungen sämtlicher Organe nach sich. Wenn man bedenkt, dass viele Gerinnungsfaktoren, die die Gerinnbarkeit unseres Blutes im Gleichgewicht halten, meist in der Leber gebildet werden, sind leider heute viele gefährliche Krankheiten wie Lungenembolien und Schlaganfälle mit den thromboembolischen Ursachen sowie andere Thrombosen und Embolien der Blutgefäße eine Folge der Leberüberlastung. Ein Bauch, der voller Gärungsprozesse und Gasbildung ist, markiert schon einen ungesunden Zustand des Körpers. Häufige unbegründete Stimmungsschwankungen, schlechte Laune, Zornausbrüche, Gereiztheit bei unwichtigen Anlässen sowie viele andere negative Gefühle, die ohne besondere Gründe in uns hochkommen und uns psychisch beeinträchtigen, können Hinweise auf unseren kranken Bauch sein. Das Sodbrennen, das vielfältig verursacht wird, kann auch ein wichtiger Hinweis für Störungen des Verdauungssystems als Folge von Überlastung durch Ernährung sein. Es ist sehr wertvoll, dass es für jede Krankheit unserer Zeit ein Medikament gibt, damit erst eine Erleichterung zustandekommt. Diese Therapien sollten eigentlich nur auf eine kurze Behandlungszeit begrenzt bleiben und gleichzeitig sollten die Krankheiten tief ursächlich so mitbehandelt werden, dass der Organismus seine natürliche Balance und Homöostase wieder zurückerlangt.

Wenn wir lernen, ernsthaft auf unseren Bauch aufzupassen, uns »entschlacken« und unsere Ernährung individuell für sich einstellen, dann werden viele Gesundheitsstörungen erst gar nicht zustande kommen, worauf viel Leid und schwere Krankheiten gedeihen würden. Dadurch würde dem Hauptübel der Boden entzogen. Das Verdauungssystem kann also die Quelle aller unser Krankheiten sein.

Wir sind daran gewöhnt, jede Krankheit sofort mit Medikamenten zu behandeln. In diesem Buch *möchte ich etwas dazu beitragen, um die Sichtweise bei bestimmten Situationen zu ändern.*

Ich denke, es muss uns doch gelingen, den Arzt zum Hakim (Arzt mit Weisheit) zu entwickeln, wie es in der früheren islamischen Welt einmal der Fall war. Interessant ist es, dass durch die moderne Forschung schon viele naturwissenschaftliche Grundlagen dafür geschaffen worden sind. Nach meiner Ansicht sollte man nicht für »entweder oder sein«, sondern die modernen Forschungsergebnisse der Naturwissenschaften für die Anwendung der naturheilkundigen Alternativmedizin voll ausnutzen. Eigentlich sollte es nicht Alternativmedizin, sondern Ergänzungsmedizin heißen.

Vor ein paar Jahren las ich die Untersuchungsergebnisse im Gehirn über den Nucleus accumbens. Dieser Kern im Bereich des limbisches Systems unseres Gehirnes stellt ein wichtiges Element des eingebauten Belohnungssystems dar. Hier wird, wer hätte das früher gedacht, alles, was mit Drogen z.B. Kokain, Alkohol, Geld, Spielsucht und Sex zu tun hat, verarbeitet und wird uns als Schein- Glücksgefühl vermittelt. Diese Erkenntnis ist für mich sehr sensationell und beeindruckend.

Im Koran, Sure 5 (Al-Maida, Vers 90,91), steht:

Koran: Sure 5, Vers: 90

يَٰٓأَيُّهَا ٱلَّذِينَ ءَامَنُوٓاْ إِنَّمَا
ٱلْخَمْرُ وَٱلْمَيْسِرُ وَٱلْأَنصَابُ
وَٱلْأَزْلَٰمُ رِجْسٌ مِّنْ عَمَلِ
ٱلشَّيْطَٰنِ فَٱجْتَنِبُوهُ لَعَلَّكُمْ تُفْلِحُونَ

Oh ihr, diejenigen, die überzeugt sind, der Wein, das Glückspiel und die Opfersteine und die Lose sind Befleckung mit Handeln des Satans. Drum haltet euch fern davon, auf dass ihr erfolgreich seid

Denn hier zeigt Satan für uns Muslime sein wahres Gesicht und bekommt »einen Ausweis« dank moderner Forschungen. Wenn wir bis jetzt nur abstrakte Vorstellungen vom Teufel hatten, wissen wir nun genau, dass er als unserer fester Begleiter bis zum Tod bleiben wird.

Da der Nucleus accumbens in unserem Gehirn auch Scheinglück vermittelt und als Teil des limbische Systems mit allen übrigen Gebieten des Gehirnes und vor allem mit dem vegetativen Nervensystem verbunden ist, das wiederum mit unseren Hormonen vernetzt ist und unsere ganzen Körperzellen versorgt, wird die vielfältige Einflussnahme von Satan über dieses System auf uns eindeutig.

إِنَّمَا يُرِيدُ ٱلشَّيْطَـٰنُ أَن
يُوقِعَ بَيْنَكُمُ ٱلْعَدَٰوَةَ وَٱلْبَغْضَآءَ
فِى ٱلْخَمْرِ وَٱلْمَيْسِرِ وَيَصُدَّكُمْ
عَن ذِكْرِ ٱللَّهِ وَعَنِ ٱلصَّلَوٰةِ ۖ
فَهَلْ أَنتُم مُّنتَهُونَ

Wahrlich, Satan bezweckt, durch den Wein und das Glücksspiel nur die Feindschaft und den Hass zwischen euch auslzuösen, um euch vom Gedenken Allahs und von dem Ritualgebet abzuwenden. Werdet ihr euch denn abhalten lassen?
Koran: Sure 5, Vers 91

Denn durch seine Scheinglückvermittlung würden wir ihn bewusst akzeptieren und dadurch zum festen Bestandteil unseres Lebens machen lassen, wenn der Koran uns vor dieser Gefahr so eindeutig und eindringlich in dieser Form nicht gewarnt hätte.

Wenn wir uns einen sauberen Brunnen vorstellen, von dem alle Häuser einer Großstadt mit reinem und sauberem

Wasser versorgt werden und ein gemeiner Mensch alle Bewohner dieser Stadt böswillig Schaden zufügen wollte, dann macht er sich sehr leicht und vergiftet er diesen Brunnen (Gott hüte davor).

Genau so ist die Arbeitsweise von Satan. Wenn unsere Hormone und die vegetativen Nerven zentral von ihm beeinflusst werden, dann können in den Körperzellen unseres Organismus überall Verzerrungen und Entgleisungen entstehen.

Diese Stoffwechselentgleisungen verursachen zunächst krankhafte Funktionsstörungen in unseren Organen, die auf Dauer zu einer Schwäche des Körpers und dann zu Krankheiten führen können.

Einen schwachen und kranken Körper kann der Teufel ohne große Mühe dauerhaft gut beherrschen und ihm weitere Leiden zuführen.

Der Koran mahnt an mehreren Stellen zu großer Vorsicht vor ihm. Er (Satan) »sagt« zum Beispiel zu einem Menschen nicht, »komm und gehe ins Spielkasino, damit du endlich reich wirst«, sondern flüstert ihm zu, »gehe mit deinem Freund zusammen und schau doch einmal zu, dies ist noch keine Katastrophe«. So ist seine Vorgehensweise, bis er uns feste in den Griff bekommt.

Ich erläutere die Rolle des Teufels im Islam hier deswegen so, damit unser Fasten sehr effektiv wird. Natürlich weiß jeder Muslim über den Teufel vieles. Mein Ziel ist es, in diesem Buch die naturwissenschaftliche Grundlage zu erklären und seine Existenz real zu machen. Jeder Mensch kann selbstverständlich von der materiellen Seite durch das Fasten seinen Körper reinigen und davon sehr profitieren. Aber die Verunreinigungen, die durch Satan verursacht werden, bleiben erhalten und brauchen spezielle Therapien.

Eine der speziellen Therapien ist es, indem man seiner Existenz, wie oben dargestellt, bewusst wird und innig daran glaubt. Dann sendet unser Bewusstsein aufrichtige kräftige Befehle zu dem Unterbewusstsein und dämpft seinen Einfluss und seine Aktivität auf unseren Körper so intensiv und wirkungsvoll, je stärker und entschlossener wir daran glauben und davon überzeugt sind.

Die zweite spezielle Vorgehensweise ist es, unseren Fehlhaltungen (Sünden, auf Afghanisch gonah) bewusst zu werden und davon Erkenntnis gewinnen, dass sie (die Fehlhaltungen) eine der wichtigsten Ursachen unserer Krankheiten sind. Und je schwerwiegender die Fehlhaltungen sind, desto schwerer sind die daraus entstandenen Störungen.

Der dritte wichtige Vorgang ist es, dass man sich immer entschlossen vornimmt, die Fehler nicht zu wiederholen. Und falls dies doch einmal der Fall sein sollte, muss man sich noch mehr anstrengen, um ihn nicht wieder zu begehen. Das nennt man im Islam den großen Jihad. Einen Dauerkampf gegen das eigene Böse. Da jeder von uns ein Teil des Ganzen, was alles existiert, ist, muss sich logischerweise jeder einzelne (durch den Kampf) ständig positiv ändern. Sonst bleibt unsere Welt unverändert oder wird sogar immer schlimmer.

Ich habe vor paar Jahren einen Patienten gehabt, der daran glaubte, dass alles, was ich für ihn mache, ihm immer gut hilft. Eines Tages erzählte er mir, dass er unter Unverträglichkeiten verschiedener Nahrungsmitteln leide. Beim Verzehren eines kleinen Stückchens Walnuss bekam er schon als Kind Halsschmerzen, und nach dem Essen von

Knoblauch wird er sehr müde, schwitzt und bekommt Kreislaufprobleme. Er möchte eines Tages so gerne etwas Walnuss mit Rosinen essen und etwas Knoblauch in Speisen vertragen können. Er meinte, es wäre wie ein Wunder, wenn ich ihm helfen könnte. Ich habe ihm einen Untersuchungstermin für den Abend nach der Sprechstunde gegeben.

Bei meiner naturheilkundigen Untersuchungsmethode konnte ich feststellen, dass sein Körper nicht nur durch seine eigene üble Nachrede, sondern auch durch gleiche Fehhaltung seiner Vorfahren sehr belastet war. Ich hatte immer als Muslim gehört, dass die üble Nachrede bei den Menschen so toxisch wirkt, als ob man das Fleisch eines toten Menschen gegessen hätte. Diesen Sinn habe ich erst jetzt richtig verstanden. Natürlich vergiftet das Fleisch eines toten Menschen im engeren Sinne, wenn man es essen würde. Ich habe ihm das Prinzip erklärt und erläutert, und ihm empfohlen, dass er dann langsam erst mit kleinen Mengen vom Walnuss beginnen sollte und beim Erfolg die Menge steigern möchte.

Nach etwa einem halben Jahr sagte er mir, dass er jetzt tütenweise Walnüsse ohne Beschwerden isst und nun auch mit kleinen Portionen Knoblauch beginnen möchte. Seitdem strengt er sich sehr an, über andere Menschen nichts Negatives zu erzählen, obwohl es auch wahr wäre. Es fällt ihm zwar sehr schwer, aber er strengt sich an und hat dabei großen Erfolg.

Dass es ihm schwerfällt, sich davon zu trennen, ist deswegen verständlich, weil die üble Nachrede leider Teil der traditionellen Kultur vieler Menschen geworden ist. Vielmals merken wir gar nicht, dass, indem man über andere

Menschen etwas Negatives erzählt, dabei schlimme Fehlhaltung begeht.

Wenn wir einem anderen Menschen, der Teil von uns ist (die ganze Menschheit ist wie ein Körper), durch üble Nachrede Schaden zufügen, akzeptiert unser reiner vom Gott in uns verankerter Kern dies nicht. Dafür lauert der Teufel und bedient sich immer unserer Schwächen und es gelingt ihm dadurch, den Wege zum Nucleus accumbens unsres Gehirnes zu bahnen, um zentral wirksam zu werden.

Wäre der oben genannte Patient bei seinen alten Gewohnheiten geblieben, hatte ihm das Fasten durch Körperreinigung insofern geholfen, dass seine Allergien und Unverträglichkeiten milder geworden wären und vielleicht auch nicht so schnell neue Allergien dazugekommen wären. Aber eine hundertprozentige Heilung wäre nie zu Stande gekommen. Er hatte schon als gläubiger Muslim immer gefastet.

Das ist der wahre Islam. Ich hoffe, dass ich mit dem Titel meines Buches »der Islam ist die heilende Medizin« nicht übertrieben habe.

Ein junger Mann, Muslim, verheiratet, hat kleine Kinder, fastet immer, kam vor etwa zwei Jahren von einer weiten Strecke zu mir zur Untersuchung. Er erzählte mir, dass sein Verhältnis zu seiner Frau nicht gut sei und er wollte sich ein paar Mal trotz kleiner Kinder von ihr trennen. Der Grund dafür ist, dass er häufig sehr zornig wird und dabei seine Frau nicht ertragen kann, obwohl er sich sehr anstrengt, um sich zu besänftigen. Wegen der Streitereien leiden die Kinder, haben Konzentrationsschwächen und enorme schulische Probleme.

Meine Untersuchung bei ihm zeigte Probleme im sexuellen Bereich und er gab zu, dass es seit längerer Zeit mit dem Beischlaf nicht so gut klappt, wie er es sich wünscht. Ich sagte ihm, dass meine Untersuchungen bei ihm gewisse sexuelle Ausschweifungen zeigen und fragte ihn, ob er mir darüber etwas sagen könnte. Er erzählte mir, dass er zwar keine Freundin oder sonstige Beziehung mit einer anderen Frau hat, aber er guckt sich immer gerne entsprechende Filme sowie Bilder mit nackten Frauen an, die ihm sehr gut gefallen. Trotzdem werde er immer mehr unzufriedener und aggressiver. Ich habe ihm die Zusammenhänge von der islamischen Sicht erläutert und gesagt, dass er gerade deswegen aggressiv und unzufrieden ist, weil er sich so etwas anschaut.

Koran: Sure 42, Vers 37: In dieser Sure wird der Zorn neben den großen Fehltritten und Schändlichkeiten in einer Reihe erwähnt. Der oben genannte Patient hat bisher nach seinen Angaben noch keine großem Fehltritte zwar begangen, aber der Weg dahin wird ihm durch Satan auf diese Weise geebnet, wobei er immer mehr Verlangen bekommt, sich aber dabei ständig unglücklicher fühlt.

Ich erzähle hier deswegen diese beeindruckenden Fälle, weil nach meinen langjährigen Beobachtungen solche Fehltritte, sich nur etwas anzuschauen, um sexuelle Lust zu empfinden, von vielen Menschen wegen kurzzeitiger Schein-Glück-Vermittlung nicht als problematisch empfunden werden.

Im Namen Gottes, des Gnädigen, des Barmherzigen

وَٱلَّذِينَ

يَجْتَنِبُونَ كَبَٰٓئِرَ ٱلْإِثْمِ وَٱلْفَوَٰحِشَ

وَإِذَا مَا غَضِبُوا۟ هُمْ يَغْفِرُونَ

… und diejenigen, die sich fern halten von schwerster Schuld und den Schändlichkeiten und sobald sie zornig sind vergeben …

Koran: Sure 42, Vers 37

Vielmals ist es für mich problematisch, dem Patienten so etwas direkt ins Gesicht zu sagen, je nachdem, um wen es sich handelt.

Deswegen bin ich darüber überglücklich, dieses Buch zu schreiben, um den Menschen besser und effektiv helfen zu können, die solche Einsichten und Vorstellungen akzeptieren und vertreten.

Was ich als Arzt nach meinen Erfahrungen für sehr wichtig halte, ist die Sichtweise zu einer Krankheit. Man sollte nicht jedes Leiden als negativ betrachten und auch eventuell nicht sofort beseitigen wollen. Ein scheinbar krankhaftes Phänomen kann sogar eine Schieflage in uns begradigen und dabei andere Probleme heilen. Seitdem ich mit verschiedenen naturheilkundigen Diagnostiken und Therapien vertraut bin, habe ich z.B. meinen Schnupfen nie mit einem Medikament behandelt. Nach meiner Erfahrung hat der Schupfen vielseitige positive Wirkung für den Körper. Patienten, bei denen ich schwere verdrängte Probleme (USKs) behandelt habe, musste ich sie darauf vorbereiten, dass sie bald einen ausgeprägten Schnupfen bekommen können und somit das bewusstgewordene Problem aus dem Kopf »rausgespült« wird.

Einen chronisch sich immer wiederholenden Kopfschmerz immer nur mit Schmerzmitteln zu behandeln und nicht nach der Ursache zu suchen, ähnelt einer großen Fabrik mit einem Beobachtungsraum, wo im Kontrollzentrum eine rote Birne leuchtet und man einfach die Birne rausdreht, statt in die Anlage rein zu schauen, wo es eventuell Probleme gibt. So eine Verhaltensweise kann eventuell schwerwiegende Folgen mit sich bringen.

Chronisches Sodrennen mit Oberbauchbeschwerden ist sehr verbreitet. Eine dauerhafte Therapie mit Säureblocker ist keine ursächliche Lösung.

Es ist interessant zu wissen, dass der Magen-Darm über ein eigenes selbstständiges Nervensystem verfügt, (medizinisch enterisches Nervensystem genannt), und darin etwa 100 Millionen Nervenzellen existieren, und als Bauchgehirn bezeichnet wird. Somit bekommt man ein andres Verständnis für die Krankheiten im Magen-Darm-Bereich.

Bei allen sogenannten funktionellen Beschwerden in diesem Bereich sollte man immer nach deren Ursache suchen, statt medikamentöse Dauertherapien durchzuführen. Eine Verschleierungstherapie könnte hier sehr schwere negative Gesundheitsfolgen haben.

Wir müssen in uns Fähigkeiten entwickeln, um die Sprache unseres Körpers besser zu verstehen. Mit einem System wie unserem Körper, der so klug und intelligent gebaut und vernetzt und im Besitz aller Informationen ist, sollte man eigentlich bedacht, feinfühlig und gezielt umgehen. Durch die Fehlbehandlung einer kleinen Störung kann unser Organismus schon in Disharmonie kommen und es können sich folglich gesundheitliche Probleme entwickeln.

Ein fest gläubiger Muslim, der seit Jahren bei mir in ständiger Behandlung ist, schilderte mir, dass er seit über 40 Jahren zeitweise unter sehr unangenehmen Halswirbelsäule-Beschwerden im oberen Nackenbereich sowie Kopfschmerzen leide. Dabei sei er etwas benommen und in dieser Zeit könne er nicht so viel Geistiges leisten wie sonst. Er nehme immer abwechselnd dafür verschiedene Schmerzmittel. Er fragte mich, ob ich ihn mit Akupunktur behandeln könne. Alle schulmedizinischen Untersuchungen wären unauffällig gewesen.

Nach einer naturheilkundigen Untersuchung habe ich ihm erklärt, dass eine Störung im Bereich seines Dünndarmes besteht. Er solle außer im Monat Ramadan etwa ein Jahr lang zwei Tage im Monat fasten und zusätzlich auf seine tägliche Ernährung, die ich ihm aufgestellt hatte, genau aufpassen. Er fragte mich, ob er, obwohl er im Monat Ramadan immer gefastet habe, trotzdem noch zusätzlich fasten sollte. Ich habe ihm erklärt, dass es Menschen gibt, die häufigeres Fasten für ihre Gesundheit benötigen als die anderen Menschen. Er akzeptierte meinen Therapieplan und besuchte mich nach etwa acht Monaten wieder in meiner Praxis und gab an, dass seine Beschwerden fast verschwunden seien und er wollte sich voller Begeisterung darüber mit mir unterhalten. Wegen Zeitknappheit während des Praxisablaufes habe ich ihm einen Extra-Termin gegeben.

Weil er sehr gebildet und an den Zusammenhängen besonders interessiert war und vieles hinterfragte, habe ich mich gerne mit ihm unterhalten und erklärte ihm, dass wenn ich bei ihm Akupunktur gemacht hätte, der Erfolg bestimmt nicht nachhaltig gewesen wäre und es hätte eventuell sogar nachträglich noch größere Schäden bei ihm verursacht. In diesem Fall wäre die Akupunktur keine ursächliche Behandlung, sondern eine symptomatische Therapie gewesen. Durch eine Reflexübertragung bei der Akupunktur bekommt man zwar für gewisse Zeit Beschwerdelinderung, aber die Probleme kehren irgendwann zurück, weil das Hauptursache noch nicht beseitigt wurde. Noch schlimmer ist es, wenn diese Symptome vom Nacken aus durch die Akupunktur woanders hin verlagert und irgendwann die Ursache für eine noch schwerwiegendere Krankheit werden.

Nach ein paar Monaten war der Patient völlig beschwerdefrei. Die weiteren Ursachen für die funktionellen Störungen seines Darmes, die im Einzelnen hier nicht ausgeführt werden, hatte ich naturheilkundig am Beginn schon mitbehandelt.

Es ist faszinierend, sich mit solchen Zusammenhängen zu beschäftigen. Anatomisch gibt es direkte sympathische

Nervenfasern, die über das verlängerte Mark sowie Rückenmark den Dünndarm erreichen und unser Gehirn unter anderem auch informativ mit dem Darm verbinden. Noch interessanter ist es, dass es in der Akupunktur einen Punkt namens Dünndarm 3 gibt (abgekürzt: Dü 3, liegt bei Faustschluss am Ende der Handtellerfalte zum Handrücken hin). Durch Akupunktur dieses Punktes kann man eine sehr gute direkte Entspannung und Schmerzlinderung im Bereich der Nackenmuskulatur herbeiführen.

Das ist eine sehr intelligente Sprache unsers Körpers. Mit Verspannung der Nackenmuskulatur insbesondere im oberen Bereich, worunter die Nerven über Rückenmark unseren Dünndarm erreichen, machen uns die Verspannungen im Nackenbereich mit begleitenden Kopfschmerzen auf unserem Darm aufmerksam. Und nur ein zusätzliches Fasten brachte bei ihm die nachhaltige Heilung.

Wenn man bedenkt, dass die Kerne unseres Stammhirnes durch nervliche Vernetzungen unsere Bauchorgane erreichen (1. Kapitel unter B. (ZNS)), und im Besitz der göttlichen Urinformationen und für die Entwicklung unserer geistigen Fähigkeiten von enormer Bedeutung sind, dann versteht man sehr gut, warum ausnahmelos alle Propheten gefastet haben.

Der Koran lehrt uns in Sure 2, Al Baqarah, Vers31 …:

وَعَلَّمَ ءَادَمَ ٱلۡأَسۡمَآءَ كُلَّهَا ثُمَّ
عَرَضَهُمۡ عَلَى ٱلۡمَلَٰٓئِكَةِ فَقَالَ أَنۢبِـُٔونِي
بِأَسۡمَآءِ هَٰٓؤُلَآءِ إِن كُنتُمۡ صَٰدِقِينَ

Und er hat Adam die Namen gelehrt, dann hat er sie ausgebreitet vor die Engel und sagte: Nennt mir dieser dort Namen, falls ihr Wahrhaftige seid.

… dass Gott Adam die Namen aller Dinge mit deren Eigenschaften schon von Anfang der Schöpfung gelehrt hat, wobei diese Fähigkeiten nicht mal ein einziger Engel besitzt.

Alle Engel haben diese Überlegenheit von Adam akzeptiert und haben sich bei Allah demütig gezeigt außer Satan. Und Allah sprach zu Adam, »nenne den Engeln alle Namen, die ich dir gelehrt habe«.

قَالَ يَٰٓـَٔادَمُ أَنۢبِئۡهُم بِأَسۡمَآئِهِمۡۖ
فَلَمَّآ أَنۢبَأَهُم بِأَسۡمَآئِهِمۡ
قَالَ أَلَمۡ أَقُل لَّكُمۡ إِنِّيٓ أَعۡلَمُ
غَيۡبَ ٱلسَّمَٰوَٰتِ وَٱلۡأَرۡضِ وَأَعۡلَمُ
مَا تُبۡدُونَ وَمَا كُنتُمۡ تَكۡتُمُونَ

Er sprach: »Oh Adam, nenne ihnen ihre Namen.« Und als er ihnen ihre Namen nannte, sprach Er: »Habe Ich nicht gesagt, dass Ich weiß Verborgenes der Himmel und der Erde, und dass Ich weiß, was ihr herausstellt und was ihr verborgen gehalten habt.«

Koran: Sure 2, Al- Baqarah, Vers 33

Und als Adam die Namen genannt hatte, sprach Allah zu den Engen vor allem zu Satan, weil er sich verweigert hatte, sich vor Adam niederzuwerfen: »Habe Ich nicht gesagt, dass Ich weiß Verborgenes der Himmel und der Erde, und dass Ich weiß, was ihr herausstellt und was ihr verborgen gehalten habt.«

Somit ist der Mensch potenziell im Besitz der unbegrenzten Fähigkeiten. Es liegt nur an uns, diese in uns zu erwecken und uns damit zu bereichern. Die Voraussetzungen dafür sind durch Gesetze und Empfehlungen in Koran festgelegt. Diese Maßstäbe stellen somit eigentlich keine Belastungen für uns dar, sondern sie führen uns ganz im Gegenteil zu den für uns vorgesehenen höheren Zielen im Leben.

Wenn unser Körper durch übermäßige und oder falsche Ernährungsweise sowie andere Fehlhaltungen überlastet wird, dann fehlen uns damit wichtigste Voraussetzungen für unsere weitere Entwicklung. Auch eine »normale« Ernährung verschlackt uns auf Dauer. Eine höhere geistige Entwicklung setzt immer eine materielle Reinigung des Organismus voraus.

Alles, was uns krank macht und vor allem zu chronischen Krankheiten führt, wird meist in uns strukturiert und gehört dann zu unserem Körpergewebe.

Wenn zum Beispiel eine Krankheit in uns durch eine große Fehlhaltung bedingt sein sollte und wir bereuen diesen Fehltritt innig und trotzdem geht es uns nicht so gut, wie wir uns wünschen, dann liegt es daran, dass sie (Fehlhaltung = Sünde = gonah auf Afghanisch) Teil unserer Zellen geworden ist und uns ohne bewusstes Fasten oder modifizierte Ernährung nicht loslassen will. Es bedeutet, die Fehlstrukturen müssen abgebaut werden.

Es ist dann kein Wunder, wenn unsere Gebete und ständige Klagen bei Gott nicht erhört werden und unsere Lage sich nicht viel ändert. Im Koran steht (sinngemäß): Er (der Gott) ändert nicht die Lage eines Menschen oder einer Nation, bis sie sich selbst nicht ändern. Die Hölle schafft der Mensch sich damit selbst und der Weg zum Paradies wird steiniger.

Eigentlich sehe ich es nicht als meine Aufgabe, hier zu predigen, dies überlasse ich lieber unseren qualifizierten verehrten Geistlichen.

Vielmehr ist es mein Ziel als Arzt, die Bedeutung der religiösen Gebote und Verbote im Islam auf dem Boden naturwissenschaftlich-medizinischer Grundlage und eigener Erfahrungen zu begründen, soweit es mir gelingt.

Die Forschungen der letzten Jahre im Bereich der Epigenetik sind von großem Interesse.

Epigenetische Veränderungen beeinflussen die Genfunktionen. Dadurch ändern sich auch die Aufgaben der Zellen. Diese Veränderungen können teilweise sogar weiter vererbt werden. Die Gene bleiben dabei substanziell unverändert. Die Forschungen zeigen, dass die Umweltbedingungen und die Ernährung für epigenetische Veränderungen und daraus resultierende Krankheiten eine große Rolle spielen. Und noch bedeutungsvoller ist die Plastizität dieser Veränderungen. Während die genetischen Veränderungen lebenslang unverändert bleiben können, kann man die epigenetische Veränderung dank ihrer Plastizität durch günstige Umweltverhältnisse vor allem durch Ernährung und Erziehung gut steuern und der Entstehung der pathologischen Veränderungen vorbeugen.

Die Maßstäbe des Islam im Bereich der Ernährung, Erziehung und vielen anderen Bereichen sind die besten Voraussetzungen dafür.

Einige meiner Patienten, die einen Herzinfarkt hatten, obwohl sie schlank, sportlich waren und nur leicht erhöhte Serum-Cholesterinwerte im Blut zeigten, fragten mich nach der Ursache des Infarktes.

Ich konnte leider aufgrund des Zeitmangels während des normalen Praxisablaufes nicht alles genau nach meiner Vorstellungen erklären.

Das Cholesterin lagert sich fast in allen Blutgefäßen des Körpers. Die Herzkranzgefäße werden dadurch eingeengt. Die Folgen sind Angina pectoris (Einengungsgefühl in der Brust mit Schmerzen hinter dem Brustbein), Luftnotbeschwerden bei Belastung oder auch im Ruhezustand sowie Herzinfarkt.

Allgemeine Demenz und Alzheimer-Demenz haben in den letzten Jahren deutlich zugenommen. Der häufigste und wichtigste Grund für vaskuläre Erkrankungen sind die Cholesterineinlagerungen (Fetteinlagerungen) in den Blutgefäßen des Gehirnes. Die Patienten leiden unter Verwirrtheit-Zuständen, Schwindelanfällen und können sogar Schlaganfälle bekommen. Auch die Einlagerungen in anderen wichtigen Blutgefäßen wie zum Beispiel in den Augen, Nieren und Beinen können zu Sehstörungen, Nierenfunktionseinschränkungen sowie Schmerzen in den Beinen führen. Es können alle Blutgefäße des Körpers von solchen Einlagerungen betroffen werden.

Bei Alzheimer-Demenz lagert sich Eiweiß in Form von Amyloid im Gehirn ab. Besonders schlimm ist bei den beiden Einlagerungsformen, dass die Patienten unter Gedächtnisstörungen bis Gedächtnisverlust leiden.

Nach modernen wissenschaftlichen Forschungen von A. Pischinger ist die glatte elastische Blutgefäßwand überall im Körper durch die Einlagerungen von langkettigen Molekülen, die aus Eiweiß, Kohlenhydraten und Fetten sowie Wasser bestehen, schon geschädigt. Auf dem Boden dieser Schädigungen, die auch durch zusätzliche Entzündungen kompliziert werden, entstehen aufgeraute Oberflächen an den Gefäßwänden. Die Gefäßoberfläche wird dadurch uneben. Vor allem verliert sie ihre Elastizität und wird starr und brüchig.

Es ist dann selbstverständlich, dass sich Cholesterin in einer solchen Gefäßwand mühelos ablagern kann. Und die Frage der Patienten, dass diese nie so hohes Blutcholesterin hatten und trotzdem einen Herzinfarkt und Schlaganfall bekommen haben, ist damit hoffentlich beantwortet. Eine Verschlackung des Organismus mit seinen Blutgefäßen hat nicht immer mit Übergewicht zu tun. Es können auch schlanke sportliche Menschen »verschlacken«. Die brüchigen Blutgefäße neigen ihrerseits zu aneurysmatischen Veränderungen (krankhafte Erweiterungen) und können zu gefährliche Blutungen in den jeweiligen Organen wie z.B. Augen, Gehirn usw. führen.

Die meisten Patienten, die solche Gefäßverengungen haben, zeigen im Blut leider auch hohe Cholesterinwerte. Nach A. Pischinger kommen die hohen Werte des Cholesterins dadurch zustande, dass durch die allgemeinen Ablagerungen im Körper auch die Leber »verschlackt« wird. Durch derart verstopfte Transitwege und belegte Lebergewebe bekommen die Leberzellen keine genaue Information über den Soll- und Istwert des Cholesterins. Somit produzieren die Leberzellen weiter unkontrolliertes Cholesterin, als ob der Körper unter Cholesterinmangel leiden würde. Eine medikamentöse Therapie senkt zwar die Synthese von Cholesterin, aber behebt nicht die Ursache und ist auch noch mit vielen Nebenwirkungen behaftet.

Es gibt zwar viele Fasten- und Diätformen, die gegen solche Ablagerungen zwar etwas helfen, aber sie sind nicht effektiv genug und führen nicht zum Ziel. Man nimmt zwar an Gewicht ab und fühlt sich wohler und entlastet. Aber das eingelagerte Wasser, das diesen »Schlackenmüll« mit vielen Gifte zusammenhält, bleibt zum großen Teil bestehen und wird kaum abgebaut.

Nur ein Fasten ohne zu trinken ist in der Lage, aufgrund des Wasserdefizits auf dieses überschüssige abgelagerte Wasser zuzugreifen und es abzubauen.

Durch Abbau von Wasser brechen die langkettigen abgelagerten Moleküle auseinander und dabei werden auch die mitgebundenen Toxine (Gifte) freigesetzt. Die Blutgefäße bekommen ihre Elastizität und glatte Oberfläche wieder zurück. Damit wird den Krankheiten der Boden entzogen.

Dem Sprichwort, »was der Arzt nicht heilen kann, wird geheilt im Ramadan«, kann ich voll zu stimmen.

Natürlich bekommen einige Menschen im Monat Ramadan gesundheitliche Störungen wie Kopfscherzen, Kreislaufbeschwerden und werden deshalb krank und müssen sogar das Fasten abbrechen. Die Ursache liegt nicht im Ramadan, sondern an diesen Personen selber, weil sich sehr viele Einlagerungen in ihrem Körper-Gewebe befinden. Durch den Wasserabbau werden in ihren Organismen viele Schadstoffe freigesetzt, die diesen Personen dann beim Fasten gesundheitliche Störungen bereiten.

Medizinisch ganzheitlich gesehen: Je mehr Probleme wir in diesem Monat bekommen, desto mehr braucht unser Körper das Fasten.

Deswegen muss man sich im Laufe des Jahres darauf vorbereiten. Ansonsten gerät unser Organismus in einen Teufelskreislauf im engsten Sinne des Wortes. Das heißt, wir brechen das Fasten im Ramadan ab, weil wir krank geworden sind. Und durch das Nichtfasten lagert unser Körper wieder neuen »Müll« ein. Es geht so weiter und wir werden nie den Genuss vom Fasten erfahren können. Natürlich, bei akut auftretenden Krankheiten oder Krankheiten, deren Ursachen nicht die Überernährung und Verschlackung sein sollten, ist das Fasten verboten.

Um sich für das Fasten im heiligen Monat Ramadan vorzubereiten, sollte man einige Grundregeln als grobe Orientierung bei der Ernährung beachten:

1. Langsam essen und länger kauen, weil die Signale von Kaubewegungen, und die Sensoren von Nase, Mund, Rachen und Speiseröhre auch zur Sättigung beitragen können.
2. Wenn man satt wird, soll man sofort mit dem Essen aufhören, noch besser ist es, wenn man ein bis zwei Bisse unter der Sättigung bleibt und etwa ½ Stunde wartet, bis das Sättigungsgefühl kommt. Dadurch verkleinert sich langsam das Lumen (die Weite) von Magen und Darm.
3. Während des Essens nicht viel Trinken, sondern nur so viel, wie man Durst hat. Erst später nach Verdauung der Nahrung sollte man mehr trinken.
4. Nicht viel Fleisch konsumieren.
5. Das Fleisch muss zwei Eigenschaften haben. Es muss Halal und rein sein. Da der Name Allah, in dem alle schönsten Namen vom Gott mit deren Eigenschaften verborgen sind, ist es sehr wichtig, dass Er beim Schlachten des Tieres genannt wird. Zur Reinheit des Fleisches gehören auch die artgerechte Tierhaltung und vor allem das Tierfutter. Das Verzehren eines gequälten Tieres bei der Tierhaltung wird sich irgendwann an uns rächen.
6. Wenn man zu Magenübersäuerung neigt, sollte man mittags und abends etwas Gemüse und oder Salat zusätzlich zu sich nehmen.

7. Für eine gute und regelmäßige Darmentleerung sorgen.
8. Um sich selber zu prüfen, wie weit der Körper für Fasten vorbereite ist, kann man alle paar Monate für etwa ½ bis ¾ Sunde in der Badewanne mit warmem Wasser sitzen oder liegen. Dunkelgraubraune oder grauschwarze Ränder der Badewanne entsprechen dem Grad der Verschlackung des Körpers. Das ist nur eine grobe Orientierung.
9. Falls Hinweise für die Verschlackung deutlich sein sollten, soll man ein bis zweimal im Monat zusätzlich fasten und an manchen Tagen sich zusätzlich auf ein einfaches Essen beschränken.
10. Man sollte nicht essen, bis kein richtiger Hunger zustande gekommen ist, Eine ausgewogene Ernährung ist von großer Wichtigkeit.
11. Drei volle Mahlzeiten täglich würden fast jeden Menschen nach meiner Erfahrung auf Dauer überlasten.
12. Auf die Regulierung des Körpergewichtes Acht geben. Wenn man einmal übergewichtig ist, dann wird es sehr schwer, die Pfunde loszuwerden.

Falls jemand wegen speziellen gesundheitlichen Problemen mit ihrer Ernährung und dem Fasten nicht zurechtkommt, stehe ich ihm gerne für Untersuchung und Beratung persönlich zur Verfügung.

Wenn man gut vorbereitet in den Ramadan rein kommt, genießt man alle bisher beschriebenen gesundheitlichen Vorteile des Fastens. Nur die ersten paar Tage am Beginn können erfahrungsmäßig etwas anders empfunden werden.

Wenn unser Körper während des Ramadans keine gesundheitlichen Probleme bekommt und wir uns sogar wohler fühlen als sonst, dann können wir mit voller Gewissheit davon ausgehen, dass unser Körper frei von den oben beschriebenen Einlagerungen ist.

Ein solcher Organismus ist dann in der Lage, seine Funktionen selbstständig und adäquat ohne große Hilfe von außen selbst zu regeln und nach einer angemessenen Zeit das Gleichgewicht (Homöostase) im Stoffwechsel wieder herzustellen. Das Gleichgewicht selbstständig ohne großen Aufwand von außen wiederherzustellen, bildet den Kern unserer Gesundheit.

Im Falle einer Erkrankung setzt ein solcher Körper alle seine vorhandenen Möglichkeiten in Gang, um die Krankheit zeitgerecht zu heilen und sorgt vor allem dafür, dass das Leiden nicht in eine chronische Krankheit übergeht.

Die chronischen Krankheiten bereiten vielen Menschen heutzutage große Probleme. Als Arzt muss ich leider immer zusehen, wie zum Beispiel die Luftnotbeschwerden bei chronischer Bronchitis den Patienten trotz vieler Medikamente das Leben unangenehm machen oder die Gelenkarthrose bei jeder Bewegung und Belastung durch Schmerzen die Menschen einschränkt. Geschweige denn von großen und schweren Krankheiten, die durch zusätzliche medikamentöse Therapien noch mehr den Patienten eine große Belastung darstellen.

Die Liste der Krankheiten ist leider sehr lang. Jedes Mal, wenn ich hilflos vor einem Patient stehe und ihm nur begrenzt helfen kann, erinnere ich mich an den Vers vom Koran:

وَأَنْ تَصُومُوا خَيْرٌ لَكُمْ إِنْ كُنتُمْ تَعْلَمُونَ

Und Fasten ist gut für euch, wenn ihr es begreift.

(letzter Satz von Vers 184/ Sure 2)

Als ich vor etwa 15 Jahren selber an einer hochgezogenen verwachsenen chronischen Blinddarmentzündung fast ein Jahr lang erkrankte und die Ursache aufgrund der Kompliziertheit nicht früher festgestellt werden konnte, war mein Körper stark vergiftet und dadurch sehr abgeschwächt. Statt viel Esserei konnte ich mich nur mit Fasten retten. Ich habe etwa ein Jahr lang ein bis zwei Mal in der Woche gefastet und zusätzlich eine leichte Ernährung durchgeführt. Mein Körper wurde entgiftet und »entschlackt«. Und ich habe dabei meine ursprünglichen Kräfte und mein Gewicht zurückerhalten.

Es ist leider häufig eine falsche Vorstellung, durch eine abgelaufene Krankheit die geschwächte Person nur mit Überfütterung wieder stark zu bekommen. Das Ergebnis zeigt nach meiner Erfahrung leider das Gegenteil. Die Patienten werden dadurch noch schwächer und anfälliger für weitere Krankheiten.

Persönlich brauchte ich in den letzten 14 Jahren keine einzige Tablette einzunehmen. Selbst nach einer komplizierten zahnärztlichen Behandlung vor ein paar Jahren, bei der eine antibiotische sowie schmerztherapeutische Behandlungen selbstverständlich gewesen wäre, hat mein Körper dank einer guten Abwehrlage keine derartige Therapien gebraucht.

Ein gereinigter Körper hat ein gesundes und adäquates Verlangen nach Nahrung und Flüssigkeit. Die Hypothalamus-Kerne in unserem Gehirn regulieren unter anderem die Hunger- und Durstgefühle und sorgen dafür, dass wir den Umständen entsprechend passenden Stoffwechsel haben und nicht krank und übergewichtig werden.

Bei Organismen, die mit »Körper-Schlacken« belastet sind, funktioniert dieser Regelkreis-Mechanismus wie auch andere Regelkreise, z.B. für den Blutdruck, Cholesterinspiegel, Hormone und viele andere, nicht einwandfrei. Die Signale der Hunger-Durstgefühle können im Hypothalamus, wie im geschilderten Prinzip der Leber und des Cholesterins, nicht adäquat bearbeitet werden. Man entwickelt dabei unkontrollierte Durst- und vor allem Hunger-Gefühle und diese führen wiederum zum Teufelskreis von Adipositas und Verschlackung. Die Dehnung des Magen-Darms sendet unter anderem auch Signale des Sättigungsgefühls zum Hypothalamus. Menschen mit groß gewordenem Magen-Darm-Kanal brauchen für eine Signalauslösung der Sättigung größere Menge von Speisen. Und noch trauriger ist es, dass dieses Signal ohne Antwort bleibt und dadurch kein richtiges Sättigungsgefühl zustande kommen kann. Ein Teufelskreislauf, worunter viele Menschen in unserer Zeit leiden.

Es kommt noch dazu, dass der Reiz von Leptin, ein Proteohormon, das unter anderem auch von Fettzellen abgegeben wird und die Entstehung der Adipositas vermeidet, im Hypothalamus unbeantwortet bleibt.

Bei der Analyse physiologischer Regelkreise bei Menschen lassen sich Grundsätze und Eigenschaften erkennen, die auch bei technischen Regelkreisen gelten bzw. realisiert sein können.

Z.B. müssen, damit die Heizung in einem Haus gut und einwandfrei funktionieren kann, alle Wasserröhre und elektrische Leitungen sowie andere Sensoren störungsfrei sein.

Nach etwa gleichem Schema arbeitet auch unser Körper. Somit hat ein gereinigter Organismus überall funktionstüchtige Regelkreise und eine gesunde adäquate Stoffwechsellage. Wir essen und trinken dann, wenn wir Hunger und Durst haben. Dadurch werden der Pseudohunger (auch Heißhunger genannt) und Pseudodurst durch ein gesundes intuitives Hunger- und Durstgefühl ersetzt.

Es sind leider nicht nur Nahrungsmittel und Überernährung, die unseren Organismus belasten, sondern auch andere Einwirkungen wie schon besprochen z.B. unerlöste, unbewusste und verdrängte seelische Konflikte (USKs) sowie Fehltritte, die wir gegen uns selbst, gegenüber unseren Mitmenschen und schließlich gegen unsere Umwelt verursachen, belasten uns zusätzlich.

Es ist noch von größerer Wichtigkeit und Bedeutung, indem man sich im Ramadan übt, sich von allem, was Gott verboten hat, fernzuhalten und alle Gebote Gottes und Empfehlungen zu beachten und durchzuführen.

Wenn andere Menschen (Nicht-Muslime) unabhängig von ihrer Religion und Weltanschauung nach den oben genannten Kriterien wie Muslime fasten würden, würden sie viel mehr gesundheitliche Vorteile erzielen als mit anderen Diät- und Ernährungsformen.

A.4: Zakat als 4. Säule im Islam

Die Erklärung der Bedeutung von Zakat ist die Aufgabe von islamischen Gelehrten.

Hier in diesem Buch möchte ich Zakat von der gesundheitlichen Seite beleuchten.

Zakat ist für die Muslime eine verpflichtende Abgabe eines bestimmten Anteils seines Einkommens für die islamische Gemeinschaft. Die positive gesundheitliche Wirkung geschieht auf zwei Ebenen.

Nach der ganzheitlichen Betrachtung vor allem nach Wheelers Quantenschaumtheorie und der Quanten-Physik ist im Universum, wie in einem Körper, alles mit miteinander vernetzt und verbunden. Somit hat jeder Teil Informationen über das Ganze und das Ganze ist über jedes Teilchen informiert. Da unser Unterbewusstsein ein Teil dieses universellen Systems ist, beginnen in unserem Organismus schon mit Abgabe von Zakat über unseren vegetativen Nerven positive Stoffwechselveränderungen. Es ist sehr wichtig, dass wir uns dieses Phänomens bewusst werden.

Prinzipiell alles, was uns bewusst wird und wonach wir ohne Zweifel und Widerwillen dann bewusst handeln, ist von großer Bedeutung und Wirksamkeit.

Ich erinnere mich an einen Gespräch mit einem Muslim vor ein paar Jahren. Ich habe ihm so wie hier die große Bedeutung einer Spende erklärt. Ich konnte die echte Begeisterung von seinen Augen und seinem Gesichtsausdruck sofort ablesen. Bei einer Begegnung mit ihm nach einigen Monaten erzählte er mir, dass nach einer einzigen Spende Geld auf ihn »geregnet« hatte.

Auf der zweiten Ebene bewirkt Zakat, als eine Form der Steuer in einer islamischen Gemeinschaft, dass in der Gesellschaft die ökonomische Balance nicht verloren geht und die Kluft zwischen den Armen und den Reichen nicht immer größer wird. Da die Wirtschaft die Basis unseres Lebens bildet, verursachen die ökonomischen Balancestörungen vielseitige Probleme wie Hunger, Not, Krankheiten und können sogar Kriege und allgemeine gesellschaftliche

Zerstörungen zu Folge haben. Wegen diesen Gesetzmäßigkeiten gehört Zakat zur Pflicht eines Muslims.

Sich davon zu entziehen, gehört dann zu einer Fehlhaltung mit allen sich daraus resultierenden Konsequenzen wie bei allen anderen Fehlhaltungen.

A.5: Hadsch

Hadsch ist die islamische Pilgerfahrt nach Mekka. Für die Erläuterung und Erklärung der großen Bedeutung von Hadsch sind wiederum unsere qualifizierten Gelehrten zuständig.

Da der Islam das ganze Leben der Muslime gestaltet und somit nicht nur für ihr leibliches Wohl und die körperliche Gesundheit sorgt, sondern auch ihren geistigen und spirituellen Zustand hoch entwickeln möchte, bekommt Hadsch eine sehr große Bedeutung.

Eine Krankheit entsteht meist auf dem Nährboden einer Schwäche im Körper, indem die integrierenden und regulierenden Kräfte unseres Organismus nicht mehr imstande sind, diese Schwäche adäquat zu beheben.

Meine eigene persönliche Erfahrung in der Akupunktur liefert dafür gute praktische Beweise.

Bei den ersten zwei bis drei Sitzungen der Akupunktur klagten die Patienten häufig über intensive Schmerzempfindungen während des Nadelstechens. Bei späteren Sitzungen, wo der Körper aufgebaut, gestärkt und die Beschwerden besser geworden waren, haben die Patienten die Nadelstiche kaum wahrgenommen. Geistige, seelische und körperliche Zustände stehen somit in Wechselwirkung zueinander und beeinflussen sich gegenseitig. Seit meiner ärztlicher Tätigkeit erfahre ich immer wieder, dass, wenn die Menschen psychische Probleme familiärer, arbeitsmäßig oder sonstiger Art bekommen, schneller auch somatisch krank werden. Dabei lassen ihre kreativen körperlichen und geistigen Tätigkeiten nach.

Wenn Hadsch in der Reihenfolge am Ende an der fünften Stelle steht, bedeutet es meiner Ansicht nach nicht, dass die Pilgerfahrt nach Mekka für uns weniger von Bedeutung ist. Sondern ganz im Gegenteil ist es ein Hinweis darauf, dass der Gläubige beim Pilgern seine höchste seelische und geistige Stärke erlangen sollte.

Voraussetzungen dafür sind, vorher durch die anderen vier Säulen gute Vorbereitungen und Läuterung zu erzielen, damit im Hasch diese höchste Stufe des geistigen und spirituellen Niveaus erreicht werden kann.

Das bedeutet nicht, dass man im Leben erst lange warten müsste, bis man soweit ist, um dann nach Mekka zu reisen. Sondern man sollte viel häufiger pilgern, wenn es möglich ist, damit man jedes Mal den Unterschied seiner Entwicklung selbst erfahren kann.

5. Kapitel

Die spirituell geistige Entwicklung im Islam und die Krankheiten, deren Ursachen nicht immer medizinisch beachtet werden:

Im 3.Kapitel des Buches wurde die Ursache der Krankheiten besprochen. Wenn durch irgendeine Wirkung unser Körper seine Balance verliert und er selber durch eigene Kräfte sie nicht wieder ins Lot bringen kann, dann können Krankheiten entstehen.

In diesem Kapitel interessieren uns die wichtigen Ursachen der Krankheiten, die nicht immer bei der heutigen Medizin eine Beachtung finden.

Alles, was gegen unseren wahren und edlen Kern (arabisch und afghanisch Fitrat genannt) gerichtet ist, (1.Kapitel, B. (ZNS)), bringt eine Disharmonie und Verzerrungen in unseren Stoffwechsel, die sich erst längere Zeit in Form von psychovegetativen Störungen, wie z.B. innere Unruhe und Angstgefühle, Schlafstörung, allgemeine Unzufriedenheit und viele andere negative unangenehme Symptome, äußern können. Auf Dauer entarten sie sich nach meinen Erfahrungen zu psychosomatischen Krankheiten, deren echte und nachhaltige Therapien den Ärzten große Schwierigkeiten bereiten. Noch problematischer wird, wenn diese Veränderungen an die nächsten Generationen weiter übertragen werden. Daher ist es sehr wichtig und von großer gesundheitlicher Bedeutung, dass die Fehltritte, die wir meist als etwas Abstraktes betrachten und nicht als Ursache für die Krankheiten ansehen, aber sie medizinisch doch eine sichere und konkrete Grundlage dafür bilden, mit allen Kräften vermieden werden müssen.

Da unser wahrer Kern ein Teil des Ganzen ist und damit mit allem harmonisch vernetzt und der hohen universellen göttlichen Ordnung der Einheit folgt, verursachen wir mit unseren Fehltritten nicht nur in uns selber, sondern überall negative Energie-Schwankungen.

Ein gläubiger Muslim erzählte mir, obwohl er fastet, betet, und alle islamische Gebote und Verbote beachtet und keine finanzielle Sorgen hat, fühle er sich trotzdem zeitweise wie aus heiterem Himmel vor allem in seiner Freizeit sehr unzufrieden. In diesem Zustand gefällt ihm nichts und er hat nicht mal Lust, Fernsehen zu schauen oder irgendein Buch zu lesen. Dieser Patient, der viele Monate bei mir in Behandlung blieb, musste viele verschiedene Therapien durchführen. Es waren einige USKs (unerlöste seelische Konflikte) und Fehltritte, deren Bedeutung er bis dahin nicht ernst genommen hatte.

Da jede Ausarbeitung und Behandlung von USKs viel Energie verbrauchen, musste er auch zusätzlich mit Vitaminen und einem modifizierten Fasten behandelt werden, und die islamischen Pflichten und Empfehlungen, die er in seiner Jugend nicht ernst genommen und verfehlt hatte, musste er jetzt bewusst und überzeugt nachholen. Es brauchte schon einige Zeit bis sich sein Zustand langsam besserte und er von der Richtigkeit der Sache seine eigene Überzeugung bekommen konnte.

Eigentlich hätten wir uns viel Leid und Unglückseligkeiten seit vielen Generationen ersparen können, wenn wir Muslime die Aussagen und Empfehlungen unserer Heiligkeiten wie z. B. von Imam Ali (a), die mit Koran und Aussagen des Propheten (s) in völliger Übereinstimmung stehen, ernst genommen und darüber viel nachgedacht und sie praktiziert hätten.

Kumayl, ein Anhänger vom Imam Ali (a), klagte vor über 1300 Jahre bei Imam Ali (a) über etwa die gleichen Beschwerden wie der oben genannte Patient und er bat Imam Ali (a) um Hilfe. Imam Ali (a) hat ihm Empfehlungen ausgesprochen, die immer allgemeine Gültigkeit haben. Es ist ein Bittgebet, das Imam Ali (a) ihm beigebracht und empfohlen hatte, dass er (Kumayl), wenn er sich ohne besonderen Grund unwohl, bedrückt und unglücklich fühlt, dieses Gebet sprechen sollte. Deswegen nennt man es Bittgebet von Kumayl (duae Kumayl), und es wird von einem Teil der Muslime jeden Donnerstagabend als Bittdebet gelesen.

Nachdem Imam Ali (a) in diesem Gebet Allah lobpreist, bittet er Ihn (Allah) zuerst um Verzeihung der schlimmsten Fehltritte (Sünden, auf Afghanisch: gonah) und erstaunlicherweise spricht er dabei von (Snub). Snub ist auf Arabisch die Mehrzahl von Sanab. Sanab bedeutet Schweif. Damit stellt er sofort die Fehltritte in den Vordergrund, die nicht so schnell aufhören (sie sind mit »langem Schweif« versehen) und bedeuten, dass sie lange noch nachwirken und eventuell an kommende Generationen weiter übertragen werden können. Tatsächlich war bei der jungen Frau mit den schweren Beinbeschwerden die Krankheit durch Alkohol über mehrere Generationen verursacht worden. Somit haben alle wichtigen Fehltritte solche nachhaltig übertragenden Wirkungen.

Das Bittgebet von Kumayl kann jederzeit gelesen werden, jedoch wird es für den Donnerstagabend besonders empfohlen.

Da der Freitag ein islamischer Feiertag und damit Ruhetag ist, bekommt der Donnerstagabend nach meiner Ansicht folgende große Bedeutung: Naturheilkundig gesehen kommen immer, wenn wir zur Ruhe kommen, das heißt in der Regenerationsphase (medizinisch auch parasympathische Phase genannt), unsere verdrängten und unbewussten Probleme hoch und verursachen in uns verschiedene Störungen. Es sind viele meiner Patienten, die ihre Migräne oder Kopfschmerzen meisten am Wochenende bekommen. Und ich kenne schon einige Menschen, die am Wochenende keine innere Ruhe finden und sehr froh sind, dass sie am Montag wieder arbeiten können.

Wenn man aber am Donnerstagabend bewusst und aufrichtig seine Fehltritte bereut, haben sie (die Fehltritte) gute Gelegenheit, am Freitag (in islamischen Ländern ein Ruhetag) aus dem Körper raus zukommen. Man soll sich nicht wundern, wenn man an dem Ruhetag je nach Leidensdruck etwas Beschwerden in Form von Schnupfen, Kopfschmerzen oder sonstiges bekommt. Sie (die Fehltritte) kommen desto intensiver aus dem Körper raus, je überzeugter und bewusster man sich daran erinnert und sie bereut.

Was für einen idealen Zustand hätten viele Muslime besonders heutzutage gehabt, wenn damals die Worte Imam Alis (a) von den Muslimen richtig verstanden und befolgt und damit auf uns übertragen geworden wären. Die Tugenden höherer, universeller und göttlicher Natur, die unser Prophet (S) und seine Familien-Nachfolger in ihren Wesen hatten, sollten durch nachkommende zwölf Imame prophetischer Abstammung an neue junge muslimische Gemeinschaften weitergegeben werden. Das war der Grund, dass ein Teil der Muslime nach dem Propheten (S) Imam Ali (a) und seine elf Familiennachkommen als Nachfolger in der islamischen Gemeinschaft haben wollten.

Die Aussagen von Imam Ali (a) bekommen seit über 1300 Jahren immer mehr wissenschaftliche Gültigkeit. Der Islam braucht in diesem Sinne keine Reformation und keine Aufklärung, sondern wir Muslime benötigen zeitentsprechend eine ständige Bewusstseins-Erweiterung und somit einen höheren Denkhorizont, um den Islam immer besser zu begreifen.

Ein anderer muslimischer Patient, der ebenso sehr gläubig war, stand fast immer im Konflikt mit seiner Frau und suchte diesbezüglich Ratschläge bei mir.

Er erzählte mir, dass er trotz Beachtung aller religiösen Gebote und Verbote sich in seiner Ehe häufig nicht so glücklich fühlt, wie er es sich islamisch vorstellt. Seine Frau z.B. begeht wiederholt Fehler, die nicht sein brauchten. Das machte ihn sehr nervös und zornig und es führte zu Auseinandersetzungen.

Bei der Untersuchung zeigte er schon einige USKs und Fehltritte, die für seine Probleme zuständig waren. Vor allem fiel mir auf, dass er im Verlauf der Milz-Pankreas-Meridian am linken Fuß-Innen-Rand Hautveränderungen hatte. Da dieser Meridian auch für die innere Stabilität und Sicherheit zuständig ist, zeigte es bei ihm, dass er psychovegetativ geschwächt war.

Ein geschwächter Körper sendet immer energieärmere Schwingungen, die besonders auf seine nahe Umgebung übertragen und negative Folgen für die anderen Menschen haben können.

Ich habe ihm die langwierigen Therapien der USKs und Fehltritte erläutert und er bekam von mir einen Behandlungsplan ausgehändigt. Der Plan beinhaltete einige Gespräch-Sitzungen, Vitamin- und Bachblütentherapien sowie modifizierte Fasten- und Ernährungsbehandlungen. Da der Name Allah einer der wichtigsten Namen Gottes ist, sollte er Seiner (Gott) häufiger innerlich gedenken. Selbst in der Nacht, wenn er wach wird und sich von einer Seite auf die anderen Seite dreht, sollte er das Gedenken Allahs nicht vergessen, damit sein Körper, vor allem sein Herz, mehr Energie bekommt und Ruhe findet. Er fragte mich, warum er grade so eine Frau haben musste.

Als ich ihm sagte, weil Gott ihn besonders lieb hat, guckte er mich sehr entsetzt an, als ob ich auf seine Wunde auch noch Salz streue. Nachdem er sich etwas beruhigt hatte, erklärte ich ihm, dass seine Frau, als ein wichtiger Teil seiner selbst, in dieser Form seine Schwächen provoziert und an die Oberfläche bringt, damit er diese behandeln lässt. Wäre es eine andere Frau gewesen, die alles so gemacht hätte, wie es ihm gefiele, wären seine ganzen verdrängten Probleme liegen geblieben und hätten sich irgendwann in schweren Krankheiten entartet und er wäre vor allem niemals in den Genuss einer höheren geistigen Entwicklung gekommen.

Im Namen Gottes, des Gnädigen, des Barmherzigen

وَٱللَّهُ جَعَلَ لَكُم مِّنْ أَنفُسِكُمْ
أَزْوَٰجًا وَجَعَلَ لَكُم مِّنْ
أَزْوَٰجِكُم بَنِينَ وَحَفَدَةً وَرَزَقَكُم
مِّنَ ٱلطَّيِّبَٰتِ ۚ أَفَبِٱلْبَٰطِلِ يُؤْمِنُونَ
وَبِنِعْمَتِ ٱللَّهِ هُمْ يَكْفُرُونَ

Und Allah hat euch aus euren Seelen Partnerinnen errichtet, und er hat aus euren Partnerinnen euch Kinder errichtet und Enkel, und er hat euch versorgt mit den Geläuterten (Frauen). Wollen sie da von dem Nichtigen überzeugt sein und Allahs Huld verleugnen?

Koran: Sure 16, Vers 72

Die Gattinnen, die Allah uns unserem Seelenzustand entsprechend zugefügt hat, haben besondere Aufgaben, nämlich uns vor Schäden zu schützen, unsere versteckten und unbewussten Schwächen zu provozieren, damit eine spirituelle Entwicklung in uns möglich wird.

Meine weiteren Erfahrungen in meiner täglichen Praxis waren, dass, wenn Menschen sich über andere Menschen beklagt und sich darüber beschwert hatten, steckte das Problem in ihnen selber. Als dieses Phänomen mir persönlich vor einigen Jahren richtig bewusst wurde, habe ich nach Möglichkeiten versucht, zuerst die Fehler bei mir selbst zu suchen, wenn ich mich über etwas sehr geärgert und emotional negativ reagiert hatte. Ich erinnere mich an einen sehr krassen Fall, als ein Patient mir einmal sagte: »Ich verstehe die Welt nicht mehr, es sind fast alle Menschen, die ich kenne, gegen mich, obwohl ich ihnen nichts Böses getan habe.« Ich kannte ihn als Hausarzt schon seit langer Zeit. Er sah bei sich selbst nie Fehler ein und beschwerte und ärgerte sich immer über das Verhalten der anderen Leute.

Solche Menschen, die so stark mit negativen Emotionen belastet sind, senden immer in ihrer Umgebung Schwingungen mit niedriger Energie aus, die die anderen auch negativ beeinflussen können. Man darf als Arzt solche Patienten meiner Ansicht nach nicht sofort ins Gesicht sagen, dass die Fehler in erster Linie bei ihnen selber liegen, sondern sie brauchen erst eine langsame behutsame Therapie. Nachdem sie einen besseren energetischen Zustand erreicht haben, können sie dann eventuell von sich aus einsichtig werden. Es ist für den behandelnden Arzt eine sehr schwere Herausforderung, diese Menschen zu behandeln. Denn in seinem sehr schwachen Energieniveau, wenn er seine eigenen Schwächen gesagt bekommt, würde er wütend und enttäuscht werden. Und er wird vor der Behandlung weglaufen und nicht im Stande sein, eigene Fehler zu erkennen.

Der spirituell geistige Weg im Islam, in dem man sich in Richtung Vervollkommnung weiterentwickelt, ist ein langer Prozess. Beim Fortschreiten dieses Weges bekommt man eine immer größere innere Ruhe und Sicherheit sowie Zufriedenheit mit sich selbst, mit seiner Mitmenschen und seiner Umwelt. In diesem Zustand kann man gute Taten vollbringen und den anderen besser dienlich sein. Denn es sind die guten Taten, die im Koran viel erwähnt werden und besondere Beachtung, Lob und Belohnung finden.

So ist nach dem islamischen Glauben im göttlichen Plan solche Entwicklung für uns vorgesehen. Im Laufe dieses Geschehens werden Habgier, Hochmut, und viele andere Schwächen, die uns gefesselt und von der universellen göttlichen Energie getrennt und auf dem niedrigeren Niveau gehalten haben, immer weniger.

Damit ändert sich der Mensch auf diesem Wege ständig in seinem Wesen. Das kleine »Ich« wandelt sich langsam in ein großes »Ich«, das immer mehr »Wir«-Charakter bekommt. Interessant ist dabei, dass diese Umwandung energiereiche Schwingungen bei diesen Menschen freisetzt, die naturgemäß über eine Resonanzenergie (eine Art Energie, die alles harmonisch umhüllt und zeit- sowie ortunabhängig ist) positive Ausstrahlungen überall hin ausbereiten. Das kann man am besten erfahrungsgemäß in seiner nächsten Umgebung wahrnehmen.

Der oben beschriebene Patient, der schwere Konflikte mit seiner Frau hatte, war sehr erstaunt, dass etwa nach einem Jahr seiner Behandlung seine Frau sich auch positiv verändert hatte.

Änderungen auf diesem Pfad brauchen einen dauerhaften Kampf gegen das eigene zurückgebliebene »Ich« (eigenes Ego, auf Afghanisch Nafs). Diesen Kampf nennt man im Islam »großer Jihad«.

Kampf deswegen, weil alles, was uns die Triebseele vorschreibt und mit islamischen Geboten und Verboten nicht in Einklang steht, mit allen Anstrengungen vermieden werden muss. Leichter wird dieser Kampf, wenn man Vorbilder, die schon höhere Stufen erlangt haben, ständig vor

Augen hat und sie eventuell zu Rate zieht. Die Resignationen auf diesem schwierigen Weg sind deswegen von kurzer Dauer, weil man dann unter der göttlichen Führung (»Navigation«) steht, was im Koran, Sure 2, Vers 1 bis 5, dieser Gruppe der Muslimen versprochen worden ist. Sie bekommen ständig Bestätigungssignale und schreiten mit innerer Gewissheit den Weg fort.

Ich bin den Geistlichen mit solchen hohen Stufen der Spiritualität bisher mehrmals begegnet. Es muss aber betont werden, dass diese Entwicklung keinesfalls auf die Geistlichkeit beschränkt ist. Es können sich alle Muslime auf diesen Weg begeben.

Nur die ständige Änderung und Entwicklung im Sinne des Islam macht den Gläubigen zum wahren Muslim. Denn Tauhid, Gebet, Fasten, Verehrung unserer Heiligkeiten und die Beachtung vieler Gebote und Verbote im Islam sind nur Mittel und Instrumente, um uns zu ändern und weiterzuentwickeln. Alle Sitten und Gebräuche, die mit dem Islam nicht übereinstimmen und uns auf eine niedrigere Stufe halten, werden uns nur Schaden zufügen und unsere Entwicklung bremsen.

Das Resultat der Entwicklung im Islam ist der Gewinn von immer mehr Gottergebenheit, was die wahre Bedeutung des Islams ausmacht.

Eine Änderung im Wesen eines Menschen bringt zwangsläufig Umstellungen in seinem Empfindungen, in seiner Denkweise und Logik sowie in seiner Handlung. Damit profitiert man immer mehr von Koran, was wiederum zum Fortschreiten und der Entwicklung unseres wahren Wesens führt.

Von einem Geistlichen habe ich gehört, dass, wenn im Koran Zahn und um Zahn, Auge um Auge steht, es nicht bedeutet, dass man sich unbedingt rächen muss, sondern wenn man davon nicht ablassen kann, dann sollte man sich nur um einen Zahn und nur um ein Auge rächen. Aber der Wert der Verzeihung ist viel größer als der der Rache. Diese wird im Koran, Sure 42, Vers 40, sehr deutlich und noch viel deutlicher in Sure 42, Vers 43.

وَجَزَٰٓؤُاْ سَيِّئَةٖ سَيِّئَةٞ مِّثۡلُهَاۖ
فَمَنۡ عَفَا وَأَصۡلَحَ فَأَجۡرُهُۥ
عَلَى ٱللَّهِۚ إِنَّهُۥ لَا يُحِبُّ
ٱلظَّٰلِمِينَ

Und Vergeltung für Schlimmes ist Schlimmes gleichermaßen; doch jener, der erlassen hat und versöhnt, sein Lohn ruht sicher bei Allah. Wahrlich, er liebt nicht die Unterdrücker.

Koran: Sure 42, Vers: 40

وَلَمَن صَبَرَ وَغَفَرَ إِنَّ ذَٰلِكَ لَمِنْ
عَزْمِ ٱلْأُمُورِ

Und wahrlich, wer Standhaftigkeit hat und vergeben hat - jenes ist wahrlich vom Beschluss des Gebotenen.

Koran. Sure 42, Vers 43

Der oben genannte Geistliche, der den Koran so interpretiert, besitzt einen höheren spirituell-geistigen Zustand.

Der weise Koran will damit jedem Menschen die Gelegenheit geben, seinen emotionalen und geistigen Stand selbst zu überprüfen.

Wenn der Körper und der Geist noch dafür keine notwendigen Reinigungsprozesse durchgemacht haben und das Böse ihn noch beherrscht, dann brennt der Mensch im Rachegefühl solange, bis er diese genommen hat, obwohl Koran in Sure 42, Vers 43, den Wert und die Höhe der Verzeihung über alles stellt.

Mir als Arzt steht nicht zu, hier religiös zu predigen, und das ist auch nicht die Absicht dieses Buches.

Doch halte ich es medizinisch für wichtig, auf tiefenursächliche Grundlagen der Hindernisse für eine spirituelle Entwicklung hinzuweisen.

Zusammenfassung der geistig-spirituellen Entwicklung:
1) Über die körperliche Reinigung durch das Fasten wurde schon ausreichend gesprochen.

2) Ebenso wurden große Schäden der Fehltritte (Sünden =gnah auf Afghanisch) anhand einiger Beispiele erläutert.

3) Teile unserer belastenden Vergangenheit und die damit verbundenen Erinnerungen, die mit unserem Wesenskern (auf Arabisch und Afghanisch Fitrat) nicht in Einklang stehen und uns noch als Störungsherd begleiten und für unser Entwicklung Hindernisse darstellen, müssen immer bearbeitet werden. Nach meiner Erfahrung kommen sie (die negativen vergangenen Erinnerungen) hin und wieder auch so in unserer Erinnerung, wenn wir zur Ruhe kommen.In solchen Fällen sollte man nicht davor weglaufen und sich mit anderen Dingen beschäftigen, sondern sich bewusst im Sinne des Heilungsprozesses daran erinnern und die Probleme aufarbeiten.

4) Sehr große Probleme machen die Traumata (USKs), die sehr verdrängt sind und an die wir uns nicht erinnern können. Solche verdrängten Konflikte brauchen eine spezielle Diagnostik und Therapie. Von Ibn Sina auch Avicenna genannt (geboren um 980), einem islamischen Arzt, Physiker, Philosoph und Mystiker, wird erzählt, dass er sich sogar an die ersten Augenblicke seiner Geburt erinnern konnte. Daher spielen die Erinnerungen an die Vergangenheit

nach der islamischen Vorstellung eine sehr große Rolle.Es ist wichtig hier zu erwähnen, dass solche Menschen mit hoher spiritueller Energie nicht nur sich selbst sicher, wohl und zufrieden bis glückselig fühlen, sondern ihre energiereichen und heilenden Schwingungen auch überall, vor allem auf andere Menschen, übertragen werden können. Es wurde bis jetzt über den Kampf gegen das eigene »Ich« (Ego und auf Afghanisch Nafs) gesprochen.

5) Es besteht noch gleichzeitig ein zweiter Kampf gegen den Teufel, der den Menschen von außen beeinflusst und ihn um jeden Preis vom rechten Weg in die Irre führen will. Die Beschreibung des Teufels mit seinen Eigenschaften ist die Aufgabe der religiösen Autoritäten. Für mich als Mediziner ist es sehr wichtig, in diesem Buch für die Menschen vor allem für die Muslime Grundlagen zu schaffen, damit die Einflussnahme von Satan bei ihnen immer geringer wird. Er, der Teufel, kann immer einen schwachen und kranken Körper beherrschen. Auf die Personen, die, wie oben beschrieben, einen dauerhaften Kampf gegen das eigene Ego führen und sich spirituell entwickeln, hat er weniger bis keinen Einfluss. Zwar versucht er sie häufig Irre zu führen, was ihm aber nicht leicht gelingt.

Nachdem man nun weiß, dass der wahre Wesenskern eines Menschen durch viele negative Faktoren umhüllt sein kann, worüber er selber meist keinen Einfluss haben könnte, wird eine schnelle Verurteilung eines Menschen durch die anderen Menschen fast immer fehl am Platz sein.

Weil die eigene Meinung immer subjektiv und begrenzt ist und nicht alles umfassen kann, deswegen mahnt uns der weise Koran in Sure 16, Vers 125 (am Beginn dieses Buches), dass wir unsere Meinung in guter Art und Weise vortragen und sogar in bester Form mit anderen Menschen darüber streiten. Schließlich weiß Er (allweiser und allwissender Gott), wer sich auf dem Irrweg und wer sich auf dem rechten Weg befindet.

Es fing bei mir ziemlich früh etwa mit 12 Jahren an, dass ich den Islam ernst nahm. Ernst nehmen bedeutet für mich, für alles im Leben den Islam zu hinterfragen. Wir sind zwar formal Muslime, aber viele Sachen in unserem Leben laufen leider traditionell und gewohnheitsmäßig ab, was sogar zum Teil im Gegensatz zum Islam steht.

Was mich als Kind dafür sehr geprägt hat, den Islam für sehr wichtig zu nehmen und in die Mitte meines Lebens zu stellen, war das Geschehen um das Jahr 680 im Karbala (einer Stadt im heutigen Irak). Imam Husain (A) war der Enkel des Propheten Mohammad (S) und stand einem sehr ungerechten lasterhaften Mann namens Yazid gegenüber. Imam Husain (A) sollte die Regierung von Yazid als neuen Führer der muslimischen Gemeinschaft bestätigen. Diese Geschichte kennen fast alle Muslime, weswegen ich darauf hier nicht ausführlich eingehen möchte. Die ersten zehn Tage des Monats Moharams, vor allem der zehnte Tag (Aschura), werden von allen Muslime, besonders von den Schiiten, in der ganzen Welt jährlich betrauert. Imam Husain (A) mit seinen Familienangehörigen und sehr treuen Anhängern (etwa 70 Personen) wurden bis auf einige wenige seiner Familie in ganz grausamer Art und Weise von Yazid und seinen Soldaten, die mehr als hunderttausend waren, am Tag der Aschura umgebracht.

Diese Geschichte hat in meinem Kopf und Herzen, und ich glaube auch bei vielen Muslimen und vor allem fast bei allen Schiiten, eine zentrale Bedeutung eingenommen.

Ich habe immer daran gedacht, wenn eine heilige Persönlichkeit wie Imam Husain (A), der den Islam mit allen seinen Tugenden und Eigenschaften immer inne hatte und als Kind immer auf dem Schoß unseren Propheten (S) saß, sich und fast jeden seiner Familie ganz entschieden und ohne Zweifel für den Islam aufopferte, er eigentlich die Wichtigkeit des Islam uns Muslimen bewusst machen wollte, ansonsten verliert das ganze Geschehen seinen wahren Sinn.

Daher nehme ich mich jedes Jahr bei der Trauerfeier in Aschura persönlich ins Visier und schaue, wie viele Veränderungen in Vergleich zum Vorjahr bei mir zustande gekommen sind, die dem wahren Islam nahestehen, vor allem inwiefern ich mich mit den wahren Aussagen unseres Propheten Mohammad (S) und seiner Nachkommenschaft (A) identifizieren kann, die in diesem Monat von unseren verehrten Geistlichen uns vorgetragen und interpretiert werden. Hier nur einige der vielen Aussprüche unseren Propheten Mohammad (A):

»Am meisten fürchte ich für meine Gemeinde nach mir denjenigen, der den Koran auslegt, aber falsch interpretiert.«

»O Ali, soll ich Dir sagen, wer der schlechteste Mensch ist? Er sagte ja O Gesandter Gottes. Er sagte: Wer die Sünde anderer nicht verzeiht und deren Fehltritte nicht nachsieht. Soll ich Dir aber sagen, welcher Mensch noch schlechter ist? Er erwiderte ja O Gesandte Gottes. Er sprach: Vor dessen Übel die Menschen nicht sicher sind und auf dessen Gutes sie nicht hoffen.«

»Der Gesandte Gottes (A) wurde gefragt: Welche Handlung ist die beste? Er sagte: Der Glaube an Gott und Seinen Gesandten. Es wurde gefragt: Was ist danach das Beste? Der Prophet (A) sprach: Danach kommt die Anstrengung auf dem Wege Gottes. Und es wurde gefragt und was kommt danach: Er antwortete: Ein aufrichtiger Pilger zu sein.«

Ich fragte mich immer, wie kann der Glaube an Gott und Seinen Gesandten eine Handlung sein? Erst später, als mir die Rolle und das Zusammenwirken des Bewusst- und Unterbewusstseins vertraut wurde, habe ich begriffen, wie wichtig es ist, wenn der richtige Glaube vermittelt wird. Denn das Unterbewusstsein, das über Hormone und das vegetative Nervensystem (s. 1. Kap unter B) unseren Stoffwechsel reguliert und uns lebens- und handlungsfähig macht, steht unter dem Befehl des Bewusstseins. Das Bewusstsein gilt sozusagen als ein »Wächter am Tor«. Seine wichtige Aufgabe besteht in diesem Fall darin, mit dem Glauben das Unterbewusstsein zu aktivieren. Somit werden, stoffwechselmäßig gesehen, die Voraussetzungen für die moralische Denkweise und Handlungen in uns geschaffen.

Aber wenn dem Unterwussten etwas Falsches suggeriert wird, nimmt er es über kurz oder lang als bare Münze und verwirklicht sie für den Menschen als Lebensumstand, Ereignis oder Erfahrung, die keinesfalls letzten Endes positiv sind.

In diesem Zusammenhang ist für mich besonders beeindruckend, dass Imam Husain (A) die Nacht vor Aschura im Gebet verbrachte und damit uns die zentrale Rolle des Gebetes in Vordergrund stellte. Die besondere Bedeutung des täglich fünfmaligen rituellen Gebetes ist uns Muslimen bekannt. Aber was mir persönlich in diesem Zusammenhang auffällt, ist, dass Imam Husain (A) uns auf eine ganz bestimmte Stelle des Gebetes besonders aufmerksam machen möchte, nämlich die Stelle, wo man zu Gott betet: »Leite Du uns in den richtigen Weg und nicht den Weg derer, die irre gehen.«

Aufgrund des Aufbaus unseres Zentralnervensystems, wie oben am Bespiel vom Bewusst- und Unterbewusstsein geschildert, sind wir als Mensch mit freiem Willen ständig dafür anfällig, den falschen Weg zu gehen und es kommt noch dazu, dass unser Belohnungssystem (Nucleus accumbens) diesen auch noch extra mit Scheinglück ausschmückt. Daher sucht man Schutz vor dem Irrweg bei Gott und wiederholt es in jedem Gebet, damit das Unterbewusstsein durch die Wiederholung ständig stabilisiert wird und den Irrweg meidet. Damit habe ich den tiefen Sinn, dass der Glaube an einen einzigen Gott und seinem Gesandten als aller beste Handlung gilt, erst jetzt verstanden.

Hätte Imam Husain (A) die Regierung von Yazid bestätigt (und es ging hauptsichtlich um die Bestätigung der Regierung von Yazid), dann hätte Yazid seine egozentrische und ungerechte Herrschaft als legitim und islamisch den Menschen suggeriert und damit dem wahren Islam ein Ende gesetzt.

Dank der Versammlungen und Veranstaltungen in diesem Trauermonat vor allem der ersten zehn Tage, in denen viel über Grundsätze und Tugenden des Islam von unseren Geistlichen erzählt werden, werden wir Muslime unserer Zeit entsprechend veranlasst, über den Islam als Zentrum unseres Lebens wissenschaftlich nachzudenken, um uns zeitgemäß besser zu orientieren. Nur so kann sich der Islam nach meiner Ansicht als lebendiger wahrer Glaube mit veränderten Umständen seiner Zeit auseinandersetzen und sich behaupten. Vor allem »der Durst« der Jungendlichen, die nicht in islamischen Ländern aufwachsen, nach Erklärung und Begründung des islamischen Lebens, ist sehr groß. Bei allen Auseinandersetzungen und Begründungen müssen wir uns immer die Sure 16, Vers. 125 vor den Augen halten.

Im Namen Gottes, des Gnädigen, des Barmherzigen

»Rufe zum Weg deines Herrn mit Weisheit und schöner Ermahnung, und streite mit ihnen in bester Weise. Gewiss, dein Herr kennt sehr wohl, wer von Seinem Weg abirrt, und Er kennt sehr wohl die Rechtgeleiteten.»
(Sure 16 , Vers. 125)

ادْعُ إِلَىٰ سَبِيلِ رَبِّكَ بِالْحِكْمَةِ وَالْمَوْعِظَةِ الْحَسَنَةِ ۖ وَجَادِلْهُمْ بِالَّتِي هِيَ أَحْسَنُ ۚ إِنَّ
رَبَّكَ هُوَ أَعْلَمُ بِمَنْ ضَلَّ عَنْ سَبِيلِهِ ۖ وَهُوَ أَعْلَمُ بِالْمُهْتَدِينَ.

Ich hoffe, in diesem Buch als Arzt meinerseits ein wenig zum Verständnis des islamischen Glaubens beigetragen zu haben.

Literatur

Aussprüche des Propheten (150), Islamisches Zentrum Hamburg, Schöne Aussicht 36, 22085 Hamburg

Bahr/Zeitler: Meridiane, ihre Punkte und Indikationen, MMV Medizin Verlag GmbH München 1996

Bittgebet von Kumayl: Islamisches Zentrum Hamburg, Schöne Aussicht 36,22085 Hamburg

Brennan, Barbara Ann: Licht-Heilung, Goldmann- Verlag 1994

Brennan, Barbara Ann: Licht-Arbeit, Goldmann- Verlag 1998

Bruce H. Lipton: Intelligente Zellen, KOHA- Verlag GmbH Burgrain,11. Auflage 2012

Dahlke, Ruediger: Krankheit als Sprache der Seele, Goldmann-Verlag 1999

Dahlke, Ruediger: Lebenskrisen als Entwicklungschancen, Goldmann-Verlag 1999

Dethlefsen Thorwald: Schicksal als Chance, Goldmann-Verlag

Dietrich, Alfred. Propädeutik der ganzheitlichen Medizin und Zahnmedizin, Haug-Verlag Heidelberg 1998

Fiedermutz, Joska: Die Dr. F. X. Mayr-Kur, Entschlackung, Entgiftung, Darmreinigung, 2000 by Verlag videel OHG, Niebüll

Ford, Debbie: Die dunkele Seite der Lichtjäger, Goldmann-Verlag 1999

Haller Ursula: Mit dem Bauchgehirn zum Erfolg, 2003 Verlag Ursula Haller

Klinghardt, Dietrich: Lehrbuch der Psycho-Kinesiologie, Verlag-Hermann Bauer KG , Freiburg in Breisgau 1996

Lüllmann, Heinz /Mohr, Klaus: Pharmakologie und Toxikologie, Georg Thieme-Verlag
Stuttgart. New york 1999
Nogier,P.M.F.: Praktische Einführung in die Aurikulotherapie, Maisonneuve 1978
Murphy, Joseph: Die Macht Ihres Unterbewusstseins, Heinrich Hugendubel-Verlag, Kreuzlingen/München 1999
Pischinger, A.. Das System der Grundregulation, Karl. F. Haug Verlag Heidelberg, 8.Auflage 1990

Scheffer, Mechthild: Bach-Blütentherapie, Heinrich Hugendubel- Verlag München 1996
Schmidt.Thews: Physiologie des Menschen, Springer-Verlag 27.Auflage 1997
Tabatabai, Allama Sayyid Muhammad Husayn: Die Schia im Islam, islamisches Zentrum Hamburg e.V./ Schöne Aussicht 36, 22085 Hamburg 1996
Tauhid- Weltanschauung, Offenbarung und Prophetentum, Jenseits, Islamisches Zentrum Hamburg, Schöne Aussicht 36, 22085 Hamburg

Dr. Mohammad Omar Athai

geboren 1947 in Kabul / Afghanistan, nach dem Abitur in Kabul habe ich ein Stipendium für das Medizinstudium in Deutschland bekommen.

Nach dem Ablegen des Staatsexamens in Münster / Westfalen begann ich mit der Facharztausbildung für die innere Medizin. 1983 habe ich mich als Internist niedergelassen. Schon seit dieser Zeit interessierte ich mich für »Alternativmedizin« (besser gesagt: Ergänzungsmedizin). Ich begann meine Ausbildung bei der Deutschen Akademie für Akupunktur und Aurikulo-Medizin / der Deutschen Akademie für Akupunktur in Kooperation mit der Initiative für Medizin ohne Nebenwirkungen / der Europäischen Akademie für TCM / der Deutschen Akademie für interdisziplinäre Schmerztherapie und bekam Zusatzbezeichnungen für Naturheilverfahren, Homöopathie und Akupunktur.

Die Ergänzungsmedizin stellt für mich eine große Bereicherung dar.